"Este livro é uma introdução muito agradável ao ensino bíblico sobre a Escritura, uma introdução que preserva os contornos de uma doutrina responsável e bem fundamentada da Escritura, sem aprofundar-se em detalhes complexos. Compre este livro e distribua cópias aos presbíteros, diáconos, professores de Escola Dominical e qualquer pessoa na igreja que deseja entender melhor o que a Bíblia é. Doutrina errada é, em parte, fruto de ignorância. Benditos são os professores e pregadores da igreja que, como o autor deste livro, combatem a ignorância por comunicar teologia madura em um estilo claro que evita causar indigestão teológica."

D. A. Carson, Professor de Novo Testamento,
Trinity Evangelical Divinity School, Deerfield, Illinois, EUA.
Cofundador do ministério The Gospel Coalition.

"Minha confiança na Palavra de Deus é maior, minha submissão à Palavra de Deus é mais profunda, e meu amor à Palavra de Deus é mais sensível como resultado da leitura deste livro. Por estas razões, eu o recomendo entusiasticamente."

David Platt, pastor, *The Church at Brook Hills*,
Birmingham, Alabama, EUA, Autor, Radical: *Taking Back Your Faith from the American Dream*

"Uma de minhas orações para os próximos vinte anos, se o Senhor achar conveniente me conceder isso, é que possamos ver o nível de conhecimento bíblico crescer exponencialmente. Para que isso aconteça, devemos aprender o que as Escrituras são e quão fortemente podemos nos apoiar nelas. Neste livro, Kevin DeYoung serve bem a este objetivo. Que o Deus da Palavra seja conhecido e amado cada vez mais por causa deste livro."
Matt Chadler, pastor, *The Village Church*, Dallas, Texas, EUA. Presidente, Acts 29 Church Planting Network

"Este é um estudo brilhante, sucinto, mas completo da autoridade e suficiência da Escritura, baseado no que a Escritura diz sobre si mesma. Clareza e paixão são as marcas distintivas dos escritos de Kevin DeYoung. E esta pode ser a sua obra mais importante e mais excelente."
John MacArthur, pastor, *Grace Community Church*, Sun Valley, California, EUA. Autor e fundador da Faculdade Masters.

"Se você está procurando uma afirmação clara e simples da doutrina da Escritura, este livro satisfaz a sua procura. Kevin DeYoung atingiu seu alvo de comunicar o que a Bíblia diz sobre a Bíblia. E o fez com as qualidades que sempre esperamos dele: eficiência, cuidado pastoral, inteligência e rigor. Acima de tudo, ele deixou a Palavra falar por si mesma."
Kathleen B. Nielson, Diretora de Iniciativas de Mulheres, *The Gospel Coalition*.

LEVANDO DEUS A SÉRIO

Por que a Bíblia é compreensível, necessária e suficiente, e o que isso significa para você!

KEVIN DEYOUNG

D529l DeYoung, Kevin, 1977-
         Levando Deus a sério / Kevin DeYoung ;
      [tradução: Ingrid Rosane de Andrade Fonseca]. –
      São José dos Campos, SP : Fiel, 2014.
         152 p. ; 21cm.
         Tradução de: Taking God at his word.
         Inclui referências bibliográficas e índice.
         ISBN 978-85-8132-198-1

         1. Bíblia – Evidências, autoridade, etc. 2. Bíblia
      – Inspiração. I. Título.

                                              CDD: 220.1

Catalogação na publicação: Mariana C. de Melo – CRB07/6477

Levando Deus a Sério - *Por que a Bíblia é compreensível, necessária e suficiente, e o que isso significa para você!*
Traduzido do original em inglês
Taking God at His Word: Why the Bible is knowable, necessary and enough, and what that means for you and me.
Copyright ©2014 por Kevin DeYoung

∎

Publicado por Crossway Books, Um ministério de publicações de Good News Publishers
1300 Crescent Street
Wheaton, Illinois 60187, USA.

Copyright © 2014 Editora Fiel
Primeira Edição em Português: 2014

Todos os direitos em língua portuguesa reservados por Editora Fiel da Missão Evangélica Literária

Proibida a reprodução deste livro por quaisquer meios, sem a permissão escrita dos editores, salvo em breves citações, com indicação da fonte.

∎

Diretor: Tiago J. Santos Filho
Editor: Tiago J. Santos Filho
Tradução: Ingrid Rosane de Andrade Fonseca
Revisão: Maurício Fonseca dos Santos Jr.
Diagramação: Rubner Durais
Capa: Rubner Durais
ISBN impresso: 978-85-8132-198-1
ISBN e-book: 978-85-8132-224-7

Caixa Postal 1601
CEP: 12230-971
São José dos Campos, SP
PABX: (12) 3919-9999
www.editorafiel.com.br

*Aos santos que estão em East Lansing,
por ouvirem sermões por uma década e sempre
levarem Deus a sério.*

ÍNDICE

1 – Acreditando, Sentindo, Fazendo 9

2 – Algo mais seguro 27

3 – A Palavra de Deus é Suficiente 47

4 – A Palavra de Deus é Clara 63

5 – A Palavra de Deus é Final 81

6 – A Palavra de Deus é Necessária 97

7 – A Bíblia Infalível de Cristo 109

8 – Atenha-se às Escrituras 127

Apêndice 145

Capítulo Um

ACREDITANDO, SENTINDO, FAZENDO

A minha alma tem observado os teus testemunhos; eu os amo ardentemente. (Salmo 119.167)

Este livro começa de uma forma surpreendente: com um poema de amor.

Não se preocupe, não é meu. Não é da minha esposa. Não é de um cartão, de um filme ou da última balada de sucesso. Não é um poema novo ou curto. Mas é definitivamente um poema de amor. Talvez você o tenha lido antes. Talvez você o tenha cantado também. É o capítulo mais longo do livro mais longo da parte mais longa de uma longa coleção de livros. De 1.189 capítulos espalhados por 66 livros escritos ao longo de dois milênios, o Salmo 119 é o mais longo.[1]

---

1 O Salmo 119 é o maior capítulo da Bíblia por qualquer definição (se nos importarmos considerar os capítulos, os quais, devemos nos lembrar, não são divisões inspiradas). Determinar o maior livro da Bíblia é um pouco mais complicado. Salmos é o maior livro da Bíblia, se você levar em conta capítulos ou versículos. Ele também ocupa o maior número de páginas em nossas Bíblias. Mas visto que capítulos, versículos e números de páginas não fazem parte dos manuscritos originais, os estudiosos surgiram com outras formas de determinar o comprimento de um livro único. Dependendo dos meios de cálculo, Jeremias, Gênesis e Ezequiel podem ser mais longos que Salmos.

E por uma boa razão.

Este salmo em particular é um acróstico. Há 8 versos em cada estrofe e, dentro de cada estrofe, os 8 versos começam com a mesma letra do alfabeto hebraico. Então, todos os versos 1-8 começam com *aleph*, os versos 9-16 com *beth*, os versos 17-24 com *gimel*, e assim por diante, por 22 estrofes e 176 versos – todos exultantes em seu amor pela palavra de Deus. Em 169 desses versos, o salmista faz alguma referência à palavra de Deus. Lei, testemunhos, preceitos, estatutos, mandamentos, regras, promessas, palavra – essa linguagem aparece em quase todos os versos e, muitas vezes, mais de uma vez no mesmo verso. Os termos têm diferentes nuances de significado (p. ex., o que Deus quer, ou o que Deus ordena, ou o que Deus exige, ou o que Deus falou), mas todos eles focam na mesma grande ideia: a revelação de Deus em palavras.

Certamente é significativo que este poema de amor intricado, finamente trabalhado e com um único pensamento central – o mais longo da Bíblia – não seja sobre casamento ou filhos, ou comida, ou bebida, ou montanhas, ou pôr do sol, ou rios, ou oceanos, mas sobre a própria Bíblia.

A paixão do poeta

Imagino muitos de nós imersos em poesia anos atrás. Você sabe, anos antes de termos filhos, antes de ficarmos noivos, ou, se você for jovem o suficiente, antes do semestre passado. Escrevi alguns poemas na minha época, e, mesmo se fôssemos melhores amigos, ainda assim não os mostraria a você. Não que eu esteja envergonhado pelo conteúdo – escrever para a minha adorável noiva e sobre suas qualidades –, mas duvido que a forma seja algo do qual me orgulhar. Para a maioria de nós, escrever um poema de amor é como fazer biscoitos com gérmen de trigo – deveria ser maravilhoso, mas o gosto nunca sai muito certo.

Alguns poemas de amor são incríveis, como o soneto 116 de Shakespeare: "De almas sinceras a união sincera nada há que impeça: amor não é amor se quando encontra obstáculos se altera ou se vacila ao mínimo temor", e assim por diante. Lindo. Brilhante. De tirar o fôlego.

Outros poemas, nem tanto. Como este que encontrei online de um homem revivendo o seu gênio romântico adolescente:

> Veja! Há uma vaca solitária
> Feno! Vaca!
> Se eu fosse uma vaca, essa seria eu
> Se o amor é o oceano, eu sou o Titanic.
> Querida, queimei a minha mão
> Na frigideira do nosso amor
> Mas ainda assim isso é melhor
> Do que o chiclete que nos mantém juntos
> No qual você pisou

Palavras falham, não é mesmo? Tanto para comentar sobre esse poema quanto no próprio poema. Ainda assim, esta peça de arte verbal com temática bovina e de chiclete serve-se mais de sutileza e imagens do que o verbete intitulado "Bolsa do Amor".

> Garota, você me faz
> Escovar os dentes
> Pentear os cabelos
> Usar desodorante
> Chamá-la
> Você é tão fantástica

Suponho que este poema capture um momento de real sacrifício para o nosso herói do Ensino Médio. Mas qualquer que seja a seriedade da intenção, é visivelmente poesia ruim. A maior parte dos poemas escritos quando somos jovens e apaixonados parece, em retrospecto, como podemos dizer, um pouco embaraçosa. Isso se deve em parte porque poucos adolescentes são instintivamente bons poetas. É quase tão comum quanto gatos sendo instintivamente amigáveis. Mas o outro motivo pelo qual antigos poemas de amor podem ser difíceis de ler é porque ficamos desconfortáveis diante da paixão exuberante e louvor extravagante. Nós pensamos: "Caramba, pareço um jovem de 19 anos apaixonado. Não acredito que eu fazia tanto drama. Isso que é ser melodramático". Pode ser embaraçoso nos familiarizarmos novamente com o nosso entusiasmo sem limites e afeto desenfreado anteriores, especialmente se a relação que está sendo louvada nunca funcionou ou se o amor desde então foi se esfriando. Eu me pergunto se ao lermos um poema como o Salmo 119 não sentimos um pouco desse mesmo constrangimento. Quero dizer, olhe para os versículos 129-136, por exemplo.

> Admiráveis são os teus testemunhos;
> por isso, a minha alma os observa.
> A revelação das tuas palavras esclarece
> e dá entendimento aos simples.
> Abro a boca e aspiro,
> porque anelo os teus mandamentos.
> Volta-te para mim e tem piedade de mim,
> segundo costumas fazer aos que amam o teu nome.
> Firma os meus passos na tua palavra,
> e não me domine iniquidade alguma.
> Livra-me da opressão do homem,
> e guardarei os teus preceitos.
> Faze resplandecer o rosto sobre o teu servo
> e ensina-me os teus decretos.
> Torrentes de água nascem dos meus olhos,
> porque os homens não guardam a tua lei.

Isso é super emotivo – aspirando, anelando, torrentes de lágrimas nascendo dos olhos. Se formos honestos, parece mais um poema de amor do colegial com uma dose de anabolizante. É apaixonado e sincero, mas um pouco irrealista, um pouco exagerado, um pouco dramático para a vida real. Quem realmente se sente assim sobre mandamentos e estatutos?

Concluindo no início

Sou capaz de pensar em três reações diferentes à paixão longa e repetitiva pela palavra de Deus no Salmo 119.

A primeira reação é "Sim, isso aí". Esta é a atitude do cético, do escarnecedor, e do cínico. Você pensa consigo mesmo: "É bom que o povo antigo tivesse tal respeito às leis e às palavras de Deus, mas não podemos levar essas coisas muito a sério. Sabemos que os seres humanos muitas vezes colocam palavras na boca de Deus para seus próprios propósitos. Sabemos que cada palavra 'divina' é misturada com o pensamento, com a redação e a interpretação humanos. A Bíblia, como a temos, é inspiradora em partes, mas também é antiquada e indecifrável às vezes, e, francamente, incorreta em muitos lugares".

A segunda reação é "Oh, hum". Você não tem nenhum problema em particular com honrar a palavra de Deus ou acreditar na Bíblia. Em teoria, você tem a Escritura em alta conta. Mas na prática, você a considera tediosa e geralmente irrelevante. Você pensa consigo mesmo, apesar de nunca expressar isso em voz alta: "O Salmo 119 é muito longo. É chato. É o pior dia no meu plano de leitura da Bíblia. Parece que nunca acaba e segue sempre dizendo a mesma coisa. Eu gosto mais do Salmo 23".

Se a primeira reação é "Sim, isso aí", e a segunda é "Oh, hum", a terceira reação possível é: "Sim! Sim! Sim"! Isso é o que você grita quando tudo no Salmo 119 soa verdadeiro em sua cabeça e ressoa em seu coração, quando o salmista captura perfeitamente as suas paixões, suas afeições, e suas ações (ou pelo menos o que você quer que eles sejam). Isto é, quando você pensa consigo mesmo: "Eu amo este salmo porque dá voz à canção em minha alma".

O propósito deste livro é nos levar a abraçar plenamente, sinceramente, e de forma consistente essa terceira resposta. Eu quero que tudo o que está no Salmo 119 seja uma expressão de tudo o que está em nossas mentes e em nossos corações. Na verdade, estou começando este livro com a conclusão. O Salmo 119 é o objetivo. Quero convencê-lo (e ter certeza de que eu mesmo estou convencido) de que a Bíblia não comete erros, pode ser entendida, não pode ser invalidada, é a palavra mais importante em sua vida, e é a coisa mais importante que você pode ler todos os dias. Somente quando estivermos convencidos de tudo isso é que poderemos dizer a plenos pulmões "Sim! Sim! Sim!" cada vez que lemos o capítulo mais longo da Bíblia.

Pense neste capítulo como a aplicação e os sete capítulos restantes deste livro, como os blocos de construção necessários para que as conclusões do Salmo 119 sejam justificadas. Ou, se eu puder usar uma metáfora mais memorável, pense nos capítulos 2-8 como sete pequenos frascos distintos despejados em um caldeirão borbulhante, e neste capítulo como o resultado final. O Salmo 119 nos mostra no que acreditar sobre a palavra de Deus, o que sentir em relação à palavra de Deus e o que fazer com a palavra de Deus. Essa é a aplicação. Essa é a reação química produzida no povo de Deus quando despejamos em nossas cabeças e corações a suficiência das Escrituras, a autoridade das Escrituras, a clareza das Escrituras e tudo o mais que encontraremos nos sete capítulos restantes. O Salmo 119 é a explosão de louvor possibilitada por uma doutrina ortodoxa e evangélica das Escrituras. Quando abraçamos tudo o que a Bíblia diz sobre si mesma, então – e só então – acreditaremos no que devemos acreditar sobre a palavra de Deus, sentiremos o que devemos sentir e faremos com a palavra de Deus o que deveríamos fazer.

No que eu deveria crer acerca da palavra de Deus?

No Salmo 119, vemos pelo menos três características irredutíveis e essenciais nas quais deveríamos acreditar sobre a palavra de Deus.

Primeiro, a palavra de Deus diz o que é verdadeiro. Como o salmista, podemos confiar na palavra (v. 42), sabendo que ela é inteiramente verdadeira (v. 142). Não podemos confiar em tudo o que lemos na internet. Não podemos confiar em tudo o que ouvimos de nossos professores. Nós certamente não podemos confiar em todos os fatos dados por nossos políticos. Não podemos sequer confiar nas pessoas que checam a veracidades desses fatos! Estatísticas podem ser manipuladas. Fotografias podem ser falsificadas. Capas de revistas podem ser retocadas. Nossos professores, nossos amigos, nossa ciência, nossos estudos, até mesmo os nossos olhos podem nos enganar. Mas a palavra de Deus é inteiramente verdadeira e sempre verdadeira.

- A Palavra de Deus está firmemente fixada nos céus (v. 89); isso não muda.

- Não há limite para a sua perfeição (v. 96); ela não contém nada corrupto.
- Todas as regras justas de Deus duram para sempre (v. 160); elas nunca envelhecem e nunca se desgastam.

Se você já pensou consigo mesmo: "Preciso saber o que é verdadeiro – o que é verdadeiro sobre mim, verdadeiro sobre as pessoas, verdadeiro sobre o mundo, verdadeiro sobre o futuro, verdadeiro sobre o passado, verdadeiro sobre uma boa vida e verdadeiro sobre Deus", então venha à palavra de Deus. Ela só ensina o que é verdadeiro. "Santifica-os na verdade", disse Jesus, "a tua palavra é a verdade" (João 17.17).

Segundo, a palavra de Deus diz o que é justo. O salmista alegremente reconhece o direito de Deus de emitir mandamentos e humildemente aceita que todos eles são justos. "Bem sei, ó SENHOR, que os teus juízos são justos", diz ele (v. 75). Todos os mandamentos de Deus são justos (v. 86). Todos os seus preceitos são justos (v. 128). Algumas vezes ouço cristãos admitirem não gostar do que a Bíblia diz, mas já que é a Bíblia, eles têm que obedecê-la. Por um lado, esse é um exemplo admirável de submissão à Palavra de Deus. E, ainda assim, devemos dar um passo adiante e aprender a ver a bondade e retidão em tudo o que Deus ordena. Devemos amar o que Deus ama e ter prazer em tudo o que ele diz. Deus não estabelece regras arbitrárias. Ele não dá ordens para que sejamos aprisionados e infelizes. Ele nunca exige o que é impuro, sem amor ou imprudente.

Suas exigências são sempre nobres, sempre justas e sempre retas.

Terceiro, a palavra de Deus fornece o que é bom. De acordo com o Salmo 119, a palavra de Deus é o caminho da felicidade (vv. 1-2), o caminho para evitar a vergonha (v. 6), o caminho da segurança (v. 9), e o caminho do bom conselho (v. 24). A palavra nos dá força (v. 28) e esperança (v. 43). Ela fornece sabedoria (vv. 98-100, 130) e nos mostra o caminho que devemos seguir (v. 105). A revelação verbal de Deus, seja na forma falada na história da redenção ou nos documentos pactuais da história da redenção (ou seja, na Bíblia), é infalivelmente perfeita. Como povo de Deus, acreditamos que a palavra de Deus é confiável em todos os sentidos para falar o que é verdadeiro, ordenar o que é justo e nos fornecer o que é bom.

O que eu deveria sentir acerca da palavra de Deus?

Muitas vezes, os cristãos refletem apenas sobre o que eles devem acreditar acerca da palavra de Deus. Mas o Salmo 119 não nos deixa parar por aí. Esse poema de amor nos obriga a considerar como nos sentimos em relação à palavra de Deus. Vemos que o salmista tem três sentimentos fundamentais pela palavra de Deus.

Primeiro, ele se deleita nela. Testemunhos, mandamentos, lei – todos são o seu deleite (vv. 14, 24, 47, 70, 77, 143, 174). O salmista não pode evitar falar da palavra de Deus na mais profunda linguagem emotiva. As palavras das Escrituras são doces como o mel (v.103), a alegria do seu coração (v. 111), e positivamente maravilhosas (v. 129). "A minha alma tem observado os teus testemunhos", escreve o salmista, "eu os amo ardentemente" (v. 167).

Mas algumas pessoas dizem: "Eu nunca amarei a palavra de Deus assim. Não sou um intelectual. Não ouço sermões o dia todo. Não leio o tempo todo. Não sou o tipo de pessoa que se deleita em palavras". Isso pode ser verdade como regra geral, mas aposto que há momentos em que você se apaixona pelas palavras em uma página. Todos nós prestamos atenção quando as palavras que estamos ouvindo ou lendo são de grande benefício para nós, como um testamento ou o resultado do vestibular. Podemos ler com atenção quando o texto diante de nós nos adverte de grande perigo, como as instruções em um painel eletrônico. Temos prazer em ler histórias sobre nós e sobre aqueles que amamos. Gostamos de ler sobre grandeza, beleza e poder. Você percebe como eu acabei de descrever a Bíblia? É um livro com grande benefício para nós, e também com advertências graves. É um livro sobre nós e aqueles que amamos. E, acima de tudo, é um livro que nos coloca face a face com Aquele que possui toda a grandeza, beleza e poder. Para esclarecer, a Bíblia pode parecer maçante às vezes, mas como um todo é a história mais maravilhosa já contada, e aqueles que a conhecem melhor são geralmente aqueles que sentem mais prazer nela.

Vez após vez, o salmista declara seu grande amor pelos mandamentos e testemunhos de Deus (vv. 48, 97, 119, 127, 140). O outro lado deste amor é a ira que ele sente quando não há deleite na palavra de Deus. Forte indignação se abate sobre ele por causa dos ímpios que abandonam a lei de Deus (v. 53). Zelo o consome quando os inimigos de Deus esquecem as suas palavras (v. 139). Para o infiel e desobediente, ele olha com nojo (v. 158). A linguagem pode soar dura para nós, mas essa é uma indicação do quão pouco valorizamos o mundo de Deus. Como você se sente quando alguém não consegue ver a beleza que você vê no seu cônjuge? Ou quando as pessoas não veem o que torna o seu filho com necessidades especiais tão especial? Todos nós ficamos justamente indignados quando alguém tem em pouca estima por aquilo que sabemos ser precioso. Prazer extremo em alguém ou alguma coisa leva naturalmente à extrema repulsa quando outros consideram que essa pessoa ou coisa não é digna de seu prazer. Ninguém que realmente se deleita na Palavra de Deus será indiferente à desconsideração dela.

Segundo, ele a deseja. Eu contei pelo menos seis vezes o salmista expressar o seu anseio em guardar os mandamentos de Deus (vv. 5, 10, 17, 20, 40, 131). Contei pelo menos catorze vezes ele expressar o desejo de conhecer e compreender a palavra de Deus (vv. 18, 19, 27, 29, 33, 34, 35, 64, 66, 73, 124, 125, 135, 169). É verdade para todos nós: as nossas vidas são avivadas pelo desejo. É o que literalmente nos faz levantar de manhã. O desejo é sobre o que nós sonhamos, oramos e pensamos quando estamos com tempo livre para pensar sobre o que quisermos. A maioria de nós tem fortes desejos relacionados a casamento, filhos, netos, empregos, promoções, casas, férias, vingança, reconhecimento e assim por diante. Alguns desejos são bons; alguns são ruins. Mas considere o seguinte, nesse emaranhado de anseios e paixões, quão forte é o seu desejo de conhecer, entender e guardar a palavra de Deus? O salmista desejava a palavra de Deus de tal forma, que considerava o sofrimento como uma bênção em sua vida, se o ajudasse a se tornar mais obediente aos mandamentos de Deus (v. 67, 68, 71).

Terceiro, ele depende dela. O salmista está constantemente consciente de sua necessidade da palavra de Deus. "Aos teus testemunhos me apego; não permitas, SENHOR, seja eu envergonhado" (v. 31). Ele está desesperado pelo encorajamento encontrado nas promessas e regras de Deus (v. 50, 52). Há um monte de coisas que queremos na vida, mas há poucas coisas que realmente precisamos. A palavra de Deus é uma dessas coisas. Nos dias de Amós, a punição mais severa a cair sobre o povo de Deus foi uma "fome" de "ouvir as palavras do SENHOR" (Amós 8.11). Não há calamidade como o silêncio de Deus. Não podemos conhecer a verdade, ou a nós mesmos, ou os caminhos de Deus ou o próprio Deus de forma salvadora a menos que Deus fale conosco. Todo verdadeiro cristão deveria sentir profundamente em seus ossos uma total dependência da autorrevelação de Deus nas Escrituras. O homem não vive somente de pão, mas de toda palavra que sai da boca do Senhor (Deuteronômio 8.3; Mateus 4.4).

O que acreditamos e sentimos sobre a palavra é absolutamente crucial, se por nenhuma outra razão, porque isso deveria espelhar aquilo que acreditamos e sentimos a respeito de Jesus. Como veremos, Jesus acreditava inequivocamente em tudo o que foi escrito nas Escrituras. Se quisermos ser seus discípulos, devemos crer no mesmo. Tão importante quanto isso, o Novo Testamento ensina que Jesus é o Verbo feito carne, o que significa (entre outras coisas) que todos os atributos da revelação verbal de Deus (verdade, justiça, poder, veracidade, sabedoria, onisciência) serão encontrados na pessoa de Cristo. Tudo o que o salmista acreditava e sentia a respeito das palavras de Deus é tudo o que devemos sentir e acreditar a respeito da Palavra de Deus encarnada. Nosso desejo, prazer e dependência das palavras da Escritura não crescem inversamente ao nosso desejo, prazer e dependência de Jesus Cristo. Os dois sempre crescem necessariamente juntos. Os cristãos mais maduros se emocionam ao ouvir cada poema de amor que fala sobre a Palavra que se fez carne *e* cada poema de amor que celebra as palavras de Deus.

O que eu deveria fazer com a palavra de Deus?

o objetivo deste livro é nos fazer acreditar naquilo que devemos crer a respeito da Bíblia, sentir o que deveríamos sentir sobre a Bíblia e nos levar a fazer o que devemos fazer com a Bíblia. Diante de tudo que vimos sobre a fé do salmista na palavra e sua paixão pela palavra, não é nenhuma surpresa que o Salmo 119 esteja repleto de verbos de ação ilustrando os usos da palavra incitados pelo Espírito.

- Nós celebramos a palavra (v. 172).
- Falamos a palavra (vv. 13, 46, 79).
- Estudamos a palavra (vv. 15, 48, 97, 148).

- Guardamos a palavra (vv. 11, 16, 84, 93, 141).
- Obedecemos a palavra (vv. 8, 44, 57, 129, 145, 146, 167, 168).
- Louvamos a Deus pela palavra (vv. 7, 62, 164, 171).
- E oramos para que Deus aja de acordo com sua palavra (vv. 58, 121-123, 147, 149-152, 153-160).

Essas ações não substituem a fé e afetos, mas são os melhores indicadores do que nós realmente acreditamos e sentimos sobre a palavra. Celebrando, falando, estudando, guardando, obedecendo, louvando e orando – é assim que homens e mulheres de Deus lidam com as Escrituras. Agora, não entre em pânico se você parece ficar aquém em acreditar, sentir e fazer. Lembre-se, o Salmo 119 é um poema de amor, não uma lista de tarefas. A razão para começar com o Salmo 119 é porque é aqui que queremos terminar. Essa é a reação espiritual que o Espírito deve produzir em nós quando compreendemos plenamente tudo o que a Bíblia ensina sobre si mesma. Minha esperança e oração é que, de alguma maneira, o restante deste livro o ajude a dizer "Sim!" para o que o salmista acredita, "Sim!" para o que ele sente e "Sim!" para tudo o que ele faz com a palavra santa e preciosa de Deus.

Alguns esclarecimentos finais

Antes de mergulhar no restante do livro, pode ser útil saber que tipo de livro você está lendo. Embora eu espere que este volume o motive a ler a Bíblia, este não é um livro sobre estudo pessoal da Bíblia ou princípios de interpretação. Nem tento fazer uma defesa apologética das Escrituras, embora eu espere que você confie mais na Bíblia por ter lido este livro. Este não é um livro exaustivo, abrangendo todo o território filosófico, teológico e metodológico que você pode encontrar em uma coleção enorme de vários volumes. Este não é um livro acadêmico com várias notas de rodapé. Este não é um livro de consulta em que eu cito nomes e "capítulo e versículo" para os erros atuais. Este não é um trabalho inovador em exegética, teologia bíblica, histórica ou sistemática.

"Então, o que é este livro?", você se pergunta, imaginando como você foi capaz de pegar um livro que não fala nada de nada.

Este é um livro que desembala o que a Bíblia diz sobre a Bíblia. Meu objetivo é ser simples, sóbrio, direto e evidentemente bíblico. Não tenho nenhuma pretensão de oferecer a você outra coisa senão uma doutrina das Escrituras derivada da própria Escritura. Eu sei que isso levanta perguntas sobre o cânon (como é que você sabe que tem as Escrituras certas, pra início de conversa?) e perguntas sobre raciocínio circular (como você pode usar a Bíblia como referência para determinar a autoridade da Bíblia?). Estas são perguntas razoáveis, mas não precisam nos atrasar aqui. Ambas as questões têm a ver com os princípios fundamentais, e certa forma de circularidade é inevitável sempre que tentamos defender os nossos princípios fundamentais. Você não pode estabelecer a autoridade suprema da sua autoridade suprema indo a alguma outra autoridade menor. Sim, a lógica é circular, mas não mais do que o secularista defendendo a razão pela razão ou o cientista divulgando a autoridade da ciência baseada na ciência. Isso não significa que os cristãos podem ser irracionais e ilógicos em seus pontos de vista, mas sim que o nosso princípio fundamental não é nem a racionalidade nem a razão. Vamos à Bíblia para aprender sobre a Bíblia, porque julgar a Bíblia por qualquer outro padrão seria fazer da Bíblia menos do que aquilo que ela afirma ser. Como J. I. Packer escreveu mais de cinquenta anos atrás quando enfrentou desafios semelhantes, "A própria Escritura é a única competente para julgar a nossa doutrina da Escritura".[2]

Há muitos bons livros, alguns acessíveis e alguns técnicos, que cuidadosamente explicam e defendem o cânon e a confiabilidade das Escrituras. Listei alguns deles no apêndice. Se você tiver dúvidas sobre como os livros da Bíblia provaram autenticar a si mesmos, ou dúvidas sobre a exatidão histórica da Bíblia, ou dúvidas sobre os antigos manuscritos bíblicos, não deixe de estudar as questões por si mesmo. As afirmações do cristianismo ortodoxo não têm nada a temer de provas concretas e de uma análise pormenorizada dos fatos.

Mas a minha convicção, por conta da experiência e derivada do ensino da própria Escritura, é que os meios mais eficazes para reforçar a nossa confiança na Bíblia é gastar tempo com a Bíblia. O Espírito Santo está empenhado em trabalhar por meio da palavra. Deus promete abençoar a leitura e o ensino da sua palavra. As ovelhas ouvirão a voz de seu Mestre lhes falan-

---

2 J. I. Packer, *"Fundamentalism" and the Word of God* (Grand Rapids: Eerdmans, 1958), 76.

do na palavra (cf. João 10.27). Em outras palavras, a palavra de Deus é mais do que suficiente para realizar a obra de Deus no povo de Deus. Não há melhor maneira de entender e vir a abraçar a doutrina bíblica da Escritura do que abrir a gaiola e deixar a Escritura sair.

Se você leu até aqui, provavelmente você tem algum interesse em conhecer melhor a Bíblia. Você provavelmente tem alguma instrução na Bíblia ou foi direcionado até aqui por alguém que tem. Você pode vir com ceticismo ou cheio de fé, com ignorância precisando ser remediada, ou com o conhecimento ávido por ser afiado. Seja qual for o caso, eu acredito que, agora que você sabe que tipo de livro é este, estará mais bem preparado para se beneficiar com ele. E se você tirar proveito de alguma coisa nestas páginas não será porque eu fiz alguma coisa maravilhosa, mas porque é uma experiência transformadora de vida ficar face a face com o livro mais maravilhoso do mundo.

Que Deus nos dê ouvidos, pois todos nós precisamos ouvir a palavra de Deus e levá-la à sério mais do que Deus precisa de qualquer um de nós para defendê-la.

Capítulo Dois

ALGO MAIS SEGURO

Porque não vos demos a conhecer o poder e a vinda de nosso Senhor Jesus Cristo seguindo fábulas engenhosamente inventadas, mas nós mesmos fomos testemunhas oculares da sua majestade, pois ele recebeu, da parte de Deus Pai, honra e glória, quando pela Glória Excelsa lhe foi enviada a seguinte voz: Este é o meu Filho amado, em quem me comprazo. Ora, esta voz, vinda do céu, nós a ouvimos quando estávamos com ele no monte santo. Temos, assim, tanto mais confirmada a palavra profética, e fazeis bem em atendê-la, como a uma candeia que brilha em lugar tenebroso, até que o dia clareie e a estrela da alva nasça em vosso coração, sabendo, primeiramente, isto: que nenhuma profecia da Escritura provém de particular elucidação; porque nunca jamais qualquer profecia foi dada por vontade humana; entretanto, homens [santos] falaram da parte de Deus, movidos pelo Espírito Santo. (2 Pedro 1.16-21)

Muitos anos atrás havia um artigo anônimo na revista *Cristianity Today* [Cristianismo Hoje] intitulado "Minha Conversa com Deus". Aqui está o início dele:

> Será que Deus ainda fala? Cresci ouvindo testemunhos sobre isso, mas até outubro de 2005, eu não podia dizer que isso alguma vez houvesse acontecido comigo. Sou um professor de teologia de meia-idade em uma universidade cristã bem conhecida. Escrevi livros premiados. Meu nome está no cabeçalho da revista *Christianity Today*. Durante anos ensinei que Deus ainda fala, mas não podia comprovar isso pessoalmente. Eu só posso fazê-lo agora de forma anônima, por razões que espero que fiquem claras. Um ano após ouvir a voz de Deus, ainda não consigo falar ou até mesmo pensar sobre a minha conversa com Deus sem ser dominado pela emoção.[1]

O professor anônimo passou a falar sobre a experiência em que Deus sobrenaturalmente havia lhe dado o esboço e título de um livro e, então, o orientado a usar o dinheiro do livro para ajudar um jovem a ir para o seminário se preparar para o ministério. Ele terminou o artigo dizendo como que sua fé havia sido fortalecida por, finalmente, Deus ter falado pessoalmente com ele.

É uma bela história, em muitos aspectos, com exceção desta forma crucial: ela dá a impressão de que Deus não cos-

---

[1] http://www.christianitytoday.com/ct/2007/march/2.44.html

tuma falar conosco pessoalmente. O artigo nos deixa com a sensação de que Deus falando a nós por meio das Escrituras é uma forma de comunicação inferior, menos emocionante e menos edificante. Não podemos deixar de concluir: "Sim, a Bíblia é importante, mas, ó que maravilhoso seria se eu pudesse viver a experiência de Deus *realmente* falando comigo! Se eu simplesmente pudesse ouvir a voz segura e infalível de Deus".

Parece incrível, não é? Você consegue imaginar Deus falando com você – pessoalmente, seguramente, com autoridade? Bem, a boa notícia (que o artigo parece não ter visto) é que cada um de nós pode ouvir de Deus *hoje*, agora, neste exato momento. Deus ainda fala. E ele tem uma palavra para nós que é segura, firme e infalível.

Duas evidências

Tudo nessa última frase pode ser comprovado a partir da passagem no início deste capítulo, 2 Pedro 1.16-21. Mas, para chegar a essa conclusão, temos de entender o contexto da epístola de Pedro.

A carta de 2 Pedro é uma exortação à piedade. Nos versículos 3-11, vemos o poder para a piedade nas grandes e preciosas promessas de Deus (vv. 3-4), o modelo para a piedade nas virtudes que podem ser associadas à fé (vv. 5-7), e a premissa para a piedade em nossa vocação e eleição (vv. 8-11). Então, nos versículos 12-15, Pedro reitera a sua intenção de lembrá-los "destas coisas" (ou seja, as virtudes da piedade) antes de morrer. A preocupação de Pedro é que os falsos mestres rastejem para dentro da igreja prometendo liberdade e acabem levando as pessoas à sensualidade e escravidão espiritual (2.2, 10, 18-19). A exortação é, portanto, para ignorar esses falsos mestres e buscar a santidade.

E uma das principais razões para fazê-lo é por causa da futura vinda de Cristo. Quando o dia do Senhor chegar, o mundo será destruído, nossas obras expostas, e os ímpios julgados (3.11-12, 14). Nesta epístola, e ao longo do Novo Testamento, a segunda vinda de Cristo serve como uma motivação profunda para se desviar da perversidade e se esforçar para viver uma vida correta e virtuosa. Nós não queremos ser encontrados envolvidos em atos profanos, quando o Santo retornar.

Esse é o argumento de Pedro. Mas os falsos mestres duvidavam que o Senhor iria retornar em algum dia cataclísmico (3.2-4). Eles não acreditavam em um dia de julgamento. Então, Pedro tem como objetivo em sua epístola convencer os fiéis, contrariamente aos falsos mestres, de que Cristo virá novamente para julgar os vivos e os mortos e que esse retorno será um espetáculo para ser contemplado.

Para fundamentar esta afirmação, Pedro oferece duas evidências: testemunho ocular (1.16-18) e documentos de autoridade (vv. 19-21). Estes eram os dois tipos básicos de evidência no mundo antigo. Não mudou muito. Mesmo hoje em dia, você encontra os advogados montando o seu caso geralmente por meio da apresentação de documentos ou chamando testemunhas. Se você quiser provar o seu argumento no tribunal de justiça, precisará de uma testemunha ocular ou de fontes confiáveis. O apóstolo Pedro tinha os dois.

Nós mesmos estávamos com ele

Pedro estava seguro do retorno glorioso de Cristo porque ele viu Cristo transfigurado em glória no monte santo. Pedro, juntamente com João e Tiago, ouviu as palavras do Pai e foi testemunha ocular da majestade do Filho. Se fosse apenas um que tivesse visto o que eles viram, poderia ter passado como uma alucinação ou ilusão para os outros. Mas, três homens estavam na montanha. Eles estavam lá na transfiguração e sabem sem sombra de dúvida que Cristo não deve ser tratado com leviandade.

A linguagem do versículo 16 é importante para o argumento de Pedro e nossa doutrina da Escritura. Ao narrar os acontecimentos da transfiguração, Pedro deixa claro que ele não segue "fábulas engenhosamente inventadas". Alguns estudiosos liberais tentaram usar a categoria de "fábula" para descrever a Bíblia. Eles são rápidos em afirmar que a fábula não é o mesmo que falso. Os liberais argumentam que, embora os fatos da Escritura nem sempre possam ser críveis, a verdade maior e mais profunda ainda pode. Assim, por exemplo, eles sugeriram que as pragas em Êxodo e a travessia do Mar Vermelho podem não ser históricas, mas isso não põe em questão o poder de Deus ou a sua capacidade de libertar os cativos. Jesus pode ou não ter andado sobre as águas, mas não importa, o importante é que ele fará qualquer coisa para nos ajudar, se confiarmos nele. A ressurreição de Cristo, alguns liberais argumentam, não é para ser tomada literalmente como uma ressurreição corporal, mas sim como um símbolo poderoso que Deus pode nos dar nova vida espiritual e arrebatar a vitória das garras da derrota.

Esse tipo de pensamento ainda é muito difundido. Uma vez eu comecei uma troca de mensagens em um blog com um pastor liberal que questionou a historicidade do nascimento virginal. Nós trocamos mensagens várias vezes, até que percebemos que estávamos operando a partir de diferentes mundos conceituais. "Será que eu acho que o nascimento virginal é essencial para o nosso credo como cristãos?", ele escreveu. "Não sou eu que devo responder isso, não é? Como você diz, foi confessado por séculos, e, portanto, preciso levar isso a sério, e ser afetado por isso, e lutar com a forma como entendo isso". A linguagem ambígua (e funcionalmente inútil) de levar o nascimento virginal "a sério" e precisar "lutar" com o seu entendimento do assunto já foi frustrante. E então cheguei à sua conclusão: "De minha parte, tomo a afirmação 'todas as coisas são possíveis para Deus', como mais valiosa para a minha fé do que 'como pode ser isso, já que ainda sou virgem'. Eu não alego que você precisa aceitar a forma como eu entendo, nem imagino que você alegue que eu tenho que necessariamente aceitar a forma como você compreende". A minha resposta foi algo no sentido de: "Eu alego *sim* que você precisa aceitar a minha forma de entender, porque o entendimento não é meu. É o ensinamento do Novo Testamento e a afirmação da Igreja ortodoxa cristã ao longo dos séculos".

Além de mostrar a lógica autodestrutiva – se todas as coisas são realmente possíveis com Deus, por que engasgar com um nascimento virginal miraculoso? –, a compreensão liberal da história está completamente em desacordo com o próprio autoentendimento da Bíblia. A palavra grega *mythos* é sempre usada de forma negativa no Novo Testamento (veja 1 Timóteo 1.4;. 4.7;. 2 Timóteo 4.4, Tito 1.14). Fábula é visto como o oposto de verdade. "Pois haverá tempo", Paulo adverte, "em que não suportarão a sã doutrina; pelo contrário, cercar-se-ão de mestres segundo as suas próprias cobiças, como que sentindo coceira nos ouvidos; e se recusarão a dar ouvidos à verdade, entregando-se às fábulas" (2 Timóteo 4.3-4). Para os escritores bíblicos, existe a fábula de um lado e a verdade do outro, e a Bíblia pertence claramente a este último.

Mesmo que se argumente que a definição liberal de fábula não é exatamente o que o Novo Testamento está condenando quando critica "fábulas", você ainda não consegue contornar a lógica de 1 Pedro 1.16. Em referência a seu papel como uma testemunha ocular, Pedro quer que todos saibam que a história de Jesus – a transfiguração principalmente, mas presumivelmente o resto da história do evangelho que ele passou adiante – está na categoria de fato histórico verificável, e não de impressões ou experiências interiores, ou histórias inventadas para se estabelecer um ponto. Os gregos e romanos tinham muitos mitos. Eles não se importam se as histórias eram literalmente verdadeiras. Ninguém estava interessado na evidência histórica para a afirmação de que Hércules era o filho ilegítimo de Zeus. Era um mito, uma fábula, um conto exagerado, uma história para entreter e dar sentido ao mundo.

O paganismo foi construído sobre o poder da mitologia, mas o cristianismo, como a fé judaica a partir da qual surgiu, viu-se como um tipo totalmente diferente de religião.

Isso não pode ser afirmado com mais força: o cristianismo desde o início ateve-se à história. As afirmações mais importantes do cristianismo são afirmações históricas e, nos fatos da história, a fé cristã deve permanecer ou cair. Lucas seguiu todas as coisas de perto, pesquisou-as cuidadosamente e contou com testemunhas oculares para que Teófilo pudesse ter "certeza" sobre a história do evangelho (Lucas 1.1-4). João escreveu sobre as maravilhas que Jesus realizou para que seu público aceitasse os milagres, entendesse os sinais, cresse que Jesus é o Cristo e tivesse vida em seu nome (João 20.31). Todos os quatro evangelistas estavam ansiosos para nos fazer saber que, apesar de alguns rumores espalhados de que o corpo havia sido roubado, o túmulo estava realmente vazio porque Jesus realmente havia ressuscitado. Se Cristo não ressuscitou, Paulo considera toda a religião cristã uma farsa e aqueles que acreditam nela tolos deploráveis (1 Coríntios. 15.14). Desconsiderar a história é viver em um mundo diferente daquele que os autores bíblicos habitam.

É como se Pedro estivesse dizendo: "Olha, eu vi a transfiguração, e não estava sozinho. Nós a ouvimos. Fomos testemunhas oculares e auriculares. Não estamos inventando isso para assustar você. Não estamos passando adiante histórias bonitas ou contos inteligentes. Estamos dizendo a você o que aconteceu. Nós vimos a sua majestade. Vimos com nossos próprios olhos. Nós ouvimos Deus falar – audivelmente. Essa não foi uma experiência em nossos corações ou uma visão em nossas almas. Se você estivesse na montanha, você teria visto e ouvido as mesmas coisas. Estamos falando de fatos, não de fábulas".

Lembre-se do argumento que Pedro está tentando fazer. Este não é um livro didático seco de apologética abstrata. Ele quer que os santos sejam santos. Ele quer que eles considerem suas vidas à luz do retorno de Cristo. Ele está tentando convencê-los da certeza da segunda vinda. E uma maneira de provar que uma gloriosa, terrível, incrível, maravilhosa e temível segunda vinda de Cristo acontecerá na história é lembrar esses crentes que ele já viu uma gloriosa, terrível, incrível, maravilhosa e temível aparição de Cristo. Pedro viu o véu se abrir. Ele viu a aparência de Jesus em seus privilégios reais plenos. Pedro percebeu que Cristo era mais do que um carpinteiro, mais do que um guru de mente aberta, mais do que um encorajador que não faz juízo de todos e de tudo. Quando ele o viu brilhar e ofuscar em majestade com a nuvem de glória que enchia o templo ao redor deles, ele soube, naquele momento, que este não era um homem para se tratar de forma leviana. E quando ele vier novamente, todos nós perceberemos, mesmo que seja tarde demais para alguns, que a vida ímpia é inconsistente com a glória de Cristo. Esse é o argumento de Pedro, e ele depende da história, da evidência de testemunhas oculares.

Está escrito

O argumento de Pedro sobre o retorno de Cristo também depende da confiabilidade dos documentos de autoridade (vv.

19-21). A "palavra profética" é anterior à própria testemunha ocular de Pedro. E o que quer que seja que Pedro, Tiago e João viram na montanha, e o que quer que seja que isso pressagiava a respeito da segunda vinda de Cristo e o juízo final, essas coisas só confirmaram o que a palavra profética já havia assegurado (v. 19). Você não pode colocar mais confiança em sua Bíblia do que Pedro colocou na dele.

Observe três verdades que esses versículos nos ensinam sobre a natureza da Escritura.

Primeiro, a Escritura é a palavra de Deus. Isto pode soar como uma afirmação redundante, mas a expressão "é" diz uma coisa importante. Alguns cristãos, influenciados por teólogos neo-ortodoxos como Karl Barth, hesitam em dizer que a Bíblia é a palavra de Deus. Em vez disso, eles argumentam que a Bíblia *contém* a palavra de Deus, ou *torna-se* a palavra de Deus, ou que o *evento* no qual Deus fala conosco por meio da Bíblia é a palavra de Deus. O pensamento neo-ortodoxo tenta distanciar as afirmações de inspiração das palavras escritas nas páginas das Escrituras. Esta distinção, no entanto, teria sido estranha ao apóstolo Pedro, pois todas as grandiosas afirmações que ele faz sobre a "profecia" ou a "palavra profética" são feitas com referência às palavras escritas das Escrituras.

Pedro usa três termos diferentes para se referir à palavra de Deus nestes versículos: a palavra profética (v. 19), profecia da Escritura (v. 20) e profecia (v. 21). Todos eles mencionam profecia de alguma forma e são usados mais ou menos indistintamente. É importante ressaltar que para as nossas considerações, a palavra no versículo 20 para Escritura é *graphe*, que se refere a algo que foi escrito. Pedro tem em mente, no versículo 20, não apenas tradições orais ou um evento de discurso, mas um texto escrito. A visão de Pedro de inspiração não pode ser limitada ao discurso profético ou um evento de pregação; ela inclui as páginas das Escrituras.

E não só as partes proféticas sobre a segunda vinda. Todo o Antigo Testamento está em vista. Assim como a expressão a lei e os profetas pode ser uma designação genérica para o Antigo Testamento, igualmente a lei *ou* os profetas de forma separada podem ter essa mesma conotação. Nenhum judeu faria a distinção de que algumas partes das Escrituras eram mais verdadeiras do que outras (cf. 2 Timóteo 3.16). Tudo o que é verdadeiro para a lei vale para os profetas e vice-versa. A "palavra profética" é simplesmente uma maneira de se referir à revelação nas Escrituras. Como Calvino diz: "Entendo por profecia da Escritura o que está contido nas Sagradas Escrituras".[2]

Isso importa porque significa que a autoridade da Palavra de Deus reside no texto escrito – nas palavras, nas frases, nos parágrafos – da Escritura, e não apenas em nossa experiência existencial da verdade em nossos corações. Algumas pessoas não gostam de textos escritos e proposições porque implicam em um significado fixo estável, e as pessoas não querem que a verdade seja fixa. Elas preferem que a inspiração seja mais subjetiva, mais interna, mais experimental. Mas de acordo com 2

---

[2] João Calvino, *Commentaries on the Catholic Epistles*, Trad. e Ed. John Owen (Grand Rapids: Baker, 1979), 391.

Pedro 1.19-21, a inspiração da Sagrada Escritura é uma realidade objetiva fora de nós.

Nada disso é para sugerir que uma teoria de inspiração evangélica nos leva para longe do subjetivo, interno ou experiencial. Muito pelo contrário. Devemos dar atenção às Escrituras inspiradas como a uma lâmpada brilhando em lugar escuro. A palavra de Deus nos convence do pecado, mostra-nos o caminho e leva-nos da escuridão para a luz. Nós mergulhamos nas Escrituras de modo que a estrela da manhã, o próprio Cristo (cf. Números 24.17-19), cresça em nossos corações. O objetivo da revelação não é apenas uma informação, mas afeição, adoração e obediência. Cristo *em* nós somente será real enquanto bebermos profundamente da Bíblia, a qual é a palavra de Deus fora de nós.

Segundo, a palavra de Deus não é menos divina porque é dada por meio da instrumentalidade de homens. Muitos alegaram e continuam a afirmar que os cristãos conservadores sustentam uma teoria de inspiração de ditado mecânico. Os evangélicos, diz-se por aí, acreditam que os escritores da Bíblia eram instrumentos passivos que apenas registravam o que eles recebiam mecanicamente do céu. Apesar da frequência desta afirmação, nunca encontrei nenhum teólogo evangélico que descrevesse a inspiração desta forma. É verdade que os teólogos mais antigos, por vezes, falavam da Escritura como sendo tão impecável que é *como se* ela tivesse sido entregue por meio de ditado. A metáfora (que provavelmente mais dá a impressão errada do que ajuda) foi feita para enfatizar a perfeição da Bíblia, mas não para descrever o processo real pelo qual os autores da

Bíblia escreveram seus textos inspirados. Em vez disso, o versículo 21 ensina, como teólogos evangélicos têm enfatizado repetidamente, que os homens falavam (e escreviam) à medida que eram movidos pelo Espírito Santo.

O termo "operação concursiva" é muitas vezes usado para descrever o processo de inspiração, ou seja, Deus usou a inteligência, habilidades e personalidades de homens falíveis para escrever o que era divino e infalível. A Bíblia é, em certo sentido, um livro humano e divino. Mas isso não implica em qualquer falibilidade nas Escrituras. A dupla autoria da Escritura não implica em imperfeição mais do que as duas naturezas de Cristo implicam em pecado por parte do nosso Salvador. Como Calvino diz sobre os profetas, "[eles] não ousaram anunciar nada por conta própria, e seguiram obedientemente o Espírito como seu guia, o qual teve o domínio de suas bocas, como de seu próprio santuário".[3]

O termo "movidos" no versículo 21 é *phero*, que é traduzido como "dada" um pouco antes no mesmo versículo e como "enviada" no versículo 17 e "vinda" no 18. Ele sugere um resultado garantido, o qual é executado e garantido por outro. As palavras do céu (vv. 17-18) e as palavras dos profetas (v. 21), em última análise, vieram do mesmo lugar: Deus.

B. B. Warfield explica:

> O termo aqui usado [para movidos/enviada] é muito específico. Não deve ser confundido com guiar, ou di-

---

3 Ibid.

recionar, ou controlar, ou mesmo conduzir, no sentido pleno da palavra. Ele vai além de tais termos, ao atribuir o efeito produzido especificamente ao agente ativo. O que é "enviado" é tomado pelo "portador" e transmitido pelo poder do "portador", e não por seu próprio, para o objetivo do "portador", e não o seu próprio. É dito dos homens que falaram da parte de Deus, portanto, terem sido tomados pelo Espírito Santo e trazidos pelo seu poder ao objetivo de Sua escolha. As coisas que eles falaram debaixo desta operação do Espírito, portanto, eram Suas coisas, não deles. E essa é a razão de por que a "palavra profética" é tão segura. Embora falada por intermédio de homens, ela é, em virtude do fato de que esses homens falaram "como enviada pelo Espírito Santo", uma palavra diretamente divina.[4]

A autoria divina das Escrituras não impede o uso de instrumentação humana ativa, assim como a participação humana não torna as Escrituras menos perfeita e divina.

---

4 B. B. Warfield, *The Inspiration and Authority of the Bible* (Phillipsburg, NJ: P & R Publishing, 1948), 137. [Edição brasileira: *A Inspiração e Autoridade da Bíblia* (São Paulo: Editora Cultura Cristã, 2010).] Para ser preciso, Warfield enxerga três modos de revelação na Escritura: manifestação externa, sugestão interna e operação concursiva (83-96). Ele coloca o ministério profético do Antigo Testamento na segunda categoria, vendo os profetas como mais passivos do que os autores apostólicos do Novo Testamento. No entanto, ele adverte contra forçar as distinções longe demais, observando que os profetas ainda usavam a sua inteligência ao receber a palavra de Deus, e que toda a Escritura é descrita como "profecia" em 2 Pedro 1.19-21. Veja também a seção de bibliologia na Teologia Sistemática de Warfield organizada por Fred Zaspel.

Terceiro, a Bíblia não possui erros. A Escritura não vem de interpretação humana (v. 20). As ideias não surgiram da mente confusa do homem. Mais do que isso, Pedro atesta que nenhuma profecia nunca foi produzida por vontade humana (v. 21). Devemos chegar à Bíblia, Calvino ensina, com a reverência que só existe "quando estamos convencidos de que Deus fala a nós, e não homens mortais". Devemos crer nas profecias, "como os oráculos indubitáveis de Deus, porque elas não provieram de particular elucidação de homens". A autoria final das Escrituras, Pedro nos informa, é o próprio Deus.

Há muitos textos que poderíamos usar para mostrar que a Bíblia não possui erros, mas aqui o argumento é mais simples: a Escritura não veio da vontade do homem; ela veio de Deus. E se é a palavra de Deus, então ela tem que ser totalmente verdadeira, pois nele não pode haver nenhum erro ou engano.

Inerrância significa que a palavra de Deus sempre está acima de nós, e que nunca estamos acima da palavra de Deus. Quando rejeitamos a inerrância, nos colocamos em julgamento acima da palavra de Deus. Nós reivindicamos o direito de determinar quais partes da revelação de Deus podem ser confiáveis e quais não podem. Quando negamos a confiabilidade completa das Escrituras – nas suas afirmações genuínas a respeito da história, seus ensinamentos sobre o mundo material, seus milagres, nos mais ínfimos detalhes de tudo o que ela afirma – então somos forçados a aceitar uma de duas conclusões. Ou a Escritura não é toda de Deus ou Deus nem sempre é confiável. Fazer qualquer uma das duas declarações é afirmar algo que não faz parte do cristianismo. Estas conclusões não expressam uma submissão apropriada ao Pai, não trabalham para a nossa alegria em Cristo e não trazem honra ao Espírito, que moveu homens a falar a palavra profética e escrever o livro santo de Deus.

Defender a doutrina da inerrância pode parecer uma missão de tolos para alguns e um *chibolete* divisionista para outros, mas, na verdade, a doutrina vai de encontro aos órgãos vitais de nossa fé. Negar, ignorar, editar, alterar, rejeitar ou descartar qualquer coisa na palavra de Deus é cometer o pecado da incredulidade. "Seja Deus verdadeiro, e mentiroso, todo homem" deve ser o nosso grito de guerra (Romanos 3.4). Encontrar um meio-termo em que algumas coisas na Bíblia são verdadeiras e outras coisas (como nós as julgamos) não são é uma impossibilidade. Esse tipo de cristianismo enfraquecido, além de ir de encontro à própria autocompreensão da Bíblia, não satisfaz a alma nem apresenta aos perdidos o Deus que eles precisam encontrar. Como podemos crer em um Deus que pode fazer o inimaginável e perdoar as nossas ofensas, vencer nossos pecados e nos dar esperança em um mundo de trevas, se não podemos crer que este Deus criou o mundo a partir do nada, deu um filho à virgem e ressuscitou seu Filho no terceiro dia? "Não se pode duvidar da Bíblia", J. I. Packer adverte, "sem perda de longo alcance, tanto da plenitude da verdade quanto da plenitude da vida. Se, portanto, tivermos como prioridade a renovação espiritual da sociedade, das igrejas e das nossas próprias vidas, daremos importância à total confiabilidade –

isto é, a inerrância – das Sagradas Escrituras como a Palavra inspirada e libertadora de Deus".[5]

Nada mais seguro

A palavra de Deus é verdadeira. A boa-nova de Jesus Cristo foi registrada nos fatos da história. Houve um homem nascido de uma mulher, em Belém. Milhares de pessoas o viram e o conheceram. Ele realizou milagres testemunhados por multidões. Ele morreu, ressuscitou e apareceu a mais de quinhentas testemunhas. Todos conheciam a localização da sepultura, e que estava vazia e aberta à verificação. Três discípulos, em particular, foram testemunhas oculares da sua majestade na montanha. Eles viram esse evento e só passaram adiante o que eles ou seus companheiros mais próximos também haviam visto.

Nós não seguimos fábulas. Não estamos interessados em histórias com uma boa moral. Não somos socorridos pela esperança de possibilidades espirituais que sabemos serem historicamente impossíveis. Essas coisas na história do evangelho aconteceram. Deus as previu. Ele as cumpriu. Ele inspirou o registro escrito delas. Por isso devemos crer nelas. Nada, em toda a Bíblia, foi produzido unicamente pela vontade do homem. Deus usou homens para escrever as palavras, mas estes homens fizeram o seu trabalho movidos pelo Espírito Santo. A Bíblia é um livro totalmente confiável, um livro inerrante, um livro santo, um livro divino.

---

5 J.I. Packer, *Truth and Power: The Place of Scripture in the Christian Life* (Wheaton: Harold Shaw Publishers, 1996), 55.

Não deixe de ver a alegação surpreendente no versículo 19. Após entrar em grandes detalhes sobre os acontecimentos impressionantes no monte da transfiguração, após grandes esforços para explicar que ele era uma testemunha ocular dessas coisas, após trabalhar para nos mostrar que o que ele está dizendo é a verdade sólida e historicamente verificável, após tudo isso, Pedro diz que agora temos "tanto mais confirmada a palavra profética". A palavra de Deus escriturada já era tão verdadeira quanto pode ser; o testemunho de Pedro apenas *confirmou* o que já era seguro.

De fato, alguns estudiosos pensam que o versículo 19 deveria ser traduzido como "e nós temos algo mais seguro". Foi assim que uma edição anterior da versão ESV americana traduziu o verso, de forma que Pedro estaria afirmando que a palavra profética das Escrituras era um testemunho mais seguro do que o seu testemunho ocular da transfiguração. Ele estaria dizendo: "Se você não confia nos meus olhos, confie na palavra profética. As Escrituras são mais confiáveis do que os meus sentidos". Mas, mesmo se ficarmos com a tradução mais recente da ESV para o versículo 19, o argumento dos versículos 19-21 não é alterado. Quer a palavra profética seja para Pedro confirmada pelo que vimos ou mais segura do que o que ele viu, sua visão da Escritura é a mesma. Não existe declaração com mais autoridade do que a que encontramos na Palavra de Deus, nem chão mais firme sobre o qual se colocar, nem argumento final que possa ser dito após a Escritura falar.

Você fala sobre a Escritura da forma como os apóstolos falaram sobre ela? Você pode ter pensamentos muito elevados de suas interpretações da Escritura, mas você não pode ter pensamentos elevados demais da interpretação da Escritura de si mesma. Você pode exagerar a sua autoridade no manuseio da Escritura, mas não pode exagerar a autoridade da Escritura para lidar com você. Você pode usar a palavra de Deus para chegar a conclusões erradas, mas você não consegue encontrar quaisquer conclusões erradas na palavra de Deus.

Você não precisa de outra revelação especial de Deus fora da Bíblia. Você pode ouvir a voz de Deus todos os dias. Cristo ainda fala porque o Espírito já falou. Se você quer ouvir de Deus, vá ao livro que registra somente o que ele falou. Mergulhe na palavra de Deus. Você não encontrará nada mais seguro.

Capítulo Três

A PALAVRA DE DEUS É SUFICIENTE

Havendo Deus, outrora, falado, muitas vezes e de muitas maneiras, aos pais, pelos profetas, nestes últimos dias, nos falou pelo Filho, a quem constituiu herdeiro de todas as coisas, pelo qual também fez o universo. Ele, que é o resplendor da glória e a expressão exata do seu Ser, sustentando todas as coisas pela palavra do seu poder, depois de ter feito a purificação dos pecados, assentou-se à direita da Majestade, nas alturas, tendo-se tornado tão superior aos anjos quanto herdou mais excelente nome do que eles. (Hebreus 1.1-4)

Alguma vez você já se perguntou se a Bíblia era realmente capaz de ajudá-lo com seus problemas mais profundos? Você buscou arduamente saber o que fazer com a sua vida e desejou ter tido uma palavra especial do Senhor? Alguma vez você já pensou consigo mesmo que o ensino bíblico sobre sexualidade precisa ser atualizado? Alguma vez você já desejou uma revelação mais direta e mais pessoal do que a que você recebe a partir da lenta leitura da Bíblia? Alguma vez você já desejou secretamente acrescentar algo à Palavra de Deus – você sabe, só para tornar as coisas mais seguras? Alguma vez você já quis retirar algo para tornar a Bíblia mais palatável? Alguma vez você já assumiu que a Bíblia não diz nada sobre como adorar a Deus ou como organizar a igreja? Você já se sentiu como se a Bíblia simplesmente não fosse suficiente para viver uma vida fiel no mundo de hoje? Se você puder responder sim a qualquer uma destas perguntas – e todos nós provavelmente responderemos em algum momento – então você está lutando com a *suficiência* das Escrituras.

A maioria dos cristãos está familiarizada com os atributos de Deus. Em algum momento e em algum nível, nós estudamos a santidade de Deus, a justiça, a onisciência, a soberania, a bondade, a misericórdia, o amor e quaisquer outras características que possam ser listadas como atributos divinos. Mas duvido que possamos citar, e muito menos explicar, os atributos da Escritura. Tradicionalmente, teólogos protestantes destacaram quatro características essenciais da Escritura: suficiência, clareza, autoridade e necessidade. Cada um dos atributos – você pode se lembrar deles através do útil acróstico SCAN – destina-se a proteger uma importante verdade sobre a Bíblia.

Suficiência: A Escritura contém tudo o que precisamos para o conhecimento da salvação e da vida piedosa. Não precisamos de qualquer nova revelação do céu.

Clareza: A mensagem salvadora de Jesus Cristo é claramente ensinada nas Escrituras e pode ser entendida por todos os que têm ouvidos para ouvir. Não precisamos de um magistério oficial da igreja para nos explicar o que a Bíblia quer dizer.

Autoridade: A última palavra sempre será a palavra de Deus. Nunca devemos permitir que os ensinamentos da ciência, da experiência humana ou de concílios da Igreja tomem precedência sobre as Escrituras.

Necessidade: A revelação geral não é suficiente para nos salvar. Não podemos conhecer a Deus de forma salvadora por meio da experiência pessoal e da razão humana. Precisamos da palavra de Deus para nos dizer como viver, quem é Cristo, e como ser salvo.

Ou para reorganizar a ordem dos atributos, poderíamos dizer: a palavra de Deus é final; a palavra de Deus é compreensível; a palavra de Deus é necessária; e a palavra de Deus é suficiente. Cada um destes atributos merece um capítulo próprio. Começaremos neste capítulo com a suficiência das Escrituras.

Mais do que suficiente

A doutrina da suficiência das Escrituras – às vezes chamada de perfeição das Escrituras – significa que "as Escrituras são claras o suficiente para nos tornar responsáveis por cumprir com nossas presentes responsabilidades diante de Deus".[1]

---
1 John M. Frame, *A Doutrina da Palavra de Deus* (São Paulo: Editora Cultura Cristã, 2013)

É uma doutrina ética. Ela remove as desculpas para a desobediência. Ninguém pode dizer que Deus não revelou o suficiente para ser salvo ou o suficiente para viver uma vida agradável a ele. As Escrituras nos tornam competentes e habilitados para *toda* boa obra (2 Timóteo 3.16-17). Não precisamos adicionar a ela para enfrentar os desafios atuais ou subtrair dela para se adequar aos ideais de hoje. A palavra de Deus é perfeita e completa, dando-nos tudo o que precisamos saber a respeito de Cristo, da salvação e da piedade. Ou, como o pai da igreja Atanásio colocou, "As Escrituras Sagradas e divinamente inspiradas são suficientes para a exposição da verdade".[2]

Dos quatro atributos das Escrituras, este pode ser o que os evangélicos esquecem primeiro. Se a autoridade é o problema liberal, clareza o problema pós-moderno, e necessidade o problema para ateus e agnósticos, então suficiência é o atributo mais rapidamente posto em dúvida por cristãos membros de igreja. Podemos dizer as coisas certas sobre a Bíblia e até mesmo lê-la regularmente, mas quando a vida fica difícil, ou apenas um pouco entediante, nós procuramos novas palavras, novas revelações e novas experiências para nos trazer para mais perto de Deus. Ficamos tão entediados com a descrição dos céus no Novo Testamento, mas nos encantamos com os relatos de crianças em idade escolar que afirmam ter ido lá e voltado. De artigos de revista como o citado no último capítulo a livros que são sucessos de venda, em que Deus é retratado como alguém que dá comuni-

---

[2] Citado em Timothy Ward, *Words of Life: Scripture as the Living and Active Word of God* (Downers Grove, IL: IVP Academic, 2009), 107.

cações especiais particulares, podemos facilmente agir como se a Bíblia não fosse suficiente. Se pudéssemos ter algo mais do que as Escrituras, então estaríamos muito perto de Jesus e conheceríamos o seu amor por nós.

A menos, é claro, que a finalidade da redenção de Cristo por nós esteja intimamente ligada à finalidade da sua revelação a nós.

O Filho superior de Deus

O grande tema, nos primeiros versículos de Hebreus é o grande tema para todo o livro de Hebreus. Deus falou por meio do Filho, e esse Filho é superior a todas as pessoas, seres celestiais, instituições, rituais e meio anteriores de revelação e redenção. É por isso que os versículos 1 e 2 começam com uma série de contrastes.

> Havendo Deus, outrora, falado, muitas vezes e de muitas maneiras, aos pais, pelos profetas, nestes últimos dias, nos falou pelo Filho, a quem constituiu herdeiro de todas as coisas, pelo qual também fez o universo.(Hebreus 1.1-2).

Eras. A era que passou foi "outrora", mas agora estamos "nestes últimos dias". Isso não significa necessariamente que o fim do mundo está chegando. Isso significa que entramos em uma nova era, a era do Espírito, a plenitude do tempo em que os grandes atos de salvação têm ocorrido. A morte e ressurreição de Jesus levaram o mundo para uma diferente época. Não há ato de redenção para acontecer antes de o último dia chegar. Isso nos coloca nos últimos dias.

Destinatários. Em um tempo anterior, outrora, Deus falou "aos pais" – aos patriarcas, aos antepassados judeus. Mas, nestes dias, Deus falou "a nós". Esta é uma era diferente, e Deus está falando para um grupo diferente de pessoas.

Agentes. Deus também falou por diferentes agentes. Nos dias anteriores, ele falou pelos "profetas", quer esses sejam os chamados profetas antigos, aqueles com uma função profética como Moisés, ou os escritos proféticos (i.e., Escrituras do Antigo Testamento). Pelos profetas foi a forma como Deus falou. Mas, nestes últimos dias, Deus falou "pelo Filho". Jesus Cristo revelou como Deus é, ensinou-nos a vontade de Deus e mostrou-nos o caminho da salvação.

Maneiras. Há muito tempo, Deus falou muitas vezes (*polymeros*) e de muitas maneiras (*polytropos*). Deus falou por meio de visões, sonhos, vozes, uma sarça ardente, uma coluna de fogo, uma mula e escrevendo em uma parede. Isso aconteceu então, na antiga era. Mas nestes últimos dias Deus falou de uma única maneira, pelo Senhor Jesus Cristo. O contraste implícito é que, enquanto havia muitas maneiras anteriormente pelas quais Deus falava ao seu povo, agora há apenas um meio de revelação, através de seu Filho.

Todos os quatro contrastes são destinados a nos levar à mesma conclusão, uma conclusão gloriosamente enunciada nos versículos 2-4; a saber, que Cristo é o agente final e superior da redenção e revelação de Deus. O escritor de Hebreus, retirando dos Salmos 2 e 110, faz sete afirmações com esse fim.

1. *O Filho é o herdeiro de todas as coisas.* Tudo culmina em Cristo. O trabalho missionário nesta era é trazer a Cristo o que por direito lhe pertence.
2. *O Filho é o criador de todas as coisas.* Embora a segunda pessoa da Trindade não seja mencionada pelo nome no relato da criação, vemos em Gênesis que Deus criou pela ação de seu discurso divino. Esta palavra falada é para ser identificada com a Palavra que, mais tarde, tornou-se encarnada.
3. *O Filho é o sustentador de todas as coisas.* Cada próton, cada elétron, cada composto, cada partícula e planeta, cada estrela e galáxia é sustentado por sua palavra poderosa.
4. *O Filho é a revelação de Deus.* Ele é a manifestação da presença de Deus, não apenas um reflexo da glória divina, mas o esplendor dela. Ele é a impressão exata de Deus, o mesmo em essência e natureza. Cristo nos mostra Deus como ele realmente é.
5. *O Filho realizou a purificação dos nossos pecados.* Ele tirou a mancha e a culpa do pecado, e não apenas como uma sombra de coisas maiores por vir (como os antigos sacrifícios), mas como a substância de tudo o que havia sido prefigurado.

6. *O Filho assentou-se*. Assim como uma mãe assentando-se no final do dia porque os filhos estão finalmente na cama e a cozinha está limpa, assim Cristo assentou-se à direita de Deus, porque o seu trabalho havia sido realizado. A entronização foi completa (Salmos 110.1) e a tarefa sacerdotal concluída uma vez por todas (Hebreus 9.25-26).
7. *O Filho, portanto, tornou-se muito superior aos anjos*. Ele é superior a esses mensageiros celestiais porque a palavra final de Deus foi falada por eles. Nenhum virá depois dele. Nossa grande salvação veio – confirmada por sinais, maravilhas, milagres e dons do Espírito – e nunca será sobrepujada (2.1-4).

Deus falou por meio do Filho, e esse Filho é superior a todas as pessoas, seres celestiais, instituições, rituais e meio anteriores de revelação e redenção. Esse é o grande tema em 1.1-4 e em todo o livro de Hebreus. Cristo é superior aos anjos (caps. 1-2), a Moisés (cap. 3), a Josué (caps. 3-4), a Arão (cap. 5), a Abraão (cap. 6), a Melquisedeque (cap. 7), à antiga aliança (cap. 8), ao tabernáculo (cap. 9), ao sumo sacerdote (cap. 10), e à esperança da promessa (cap. 11), do reino (cap. 12) e da cidade por vir (cap. 13). O Filho é o nosso Grande Superlativo, superando todos os outros porque nele temos a plenitude e a finalidade da redenção e revelação de Deus.

Suficiência no Filho e nas Escrituras

Então, o que isso tem a ver com a suficiência das Escrituras? Olhe mais de perto para a conclusão que acabou de ser dita acima: o Filho é superior a todos os outros, porque nele temos a plenitude e a finalidade da redenção e da revelação de Deus. Nós compreendemos muito bem a parte da plenitude. Tudo nos dias de "outrora" apontava para Cristo, e tudo foi concluído em Cristo. Ele é o cumprimento de séculos de predicações, profecias e tipos. Essa é a parte da plenitude na equação.

Mas tão importante quanto é a finalidade da obra de Cristo. Deus se deu a conhecer definitivamente. Cristo pagou por nossos pecados de uma vez por todas. Ele veio ao mundo, viveu entre nós, morreu na cruz e, nos últimos momentos, exclamou: "Está consumado!". Não estamos aguardando nenhum outro rei para governar sobre nós. Não precisamos de nenhum outro profeta como Maomé. Não pode haver mais nenhum sacerdote para expiar nossos pecados. A obra da redenção foi concluída.

E não devemos separar a redenção da revelação. Ambas foram concluídas e cumpridas no Filho. A palavra de Deus contra a Palavra de Deus, a Bíblia contra Jesus, as Escrituras contra o Filho – Hebreus não dá nenhum espaço para essas antíteses diabólicas. É verdade que a Bíblia não é Jesus; a Escritura não é o Filho. As palavras da Bíblia e o Verbo feito carne são distintos, mas também são inseparáveis. Cada ato de redenção – do Êxodo, para o retorno do exílio, para a cruz em si – também é uma revelação. Eles nos dizem algo sobre a natureza do pecado, o caminho da salvação e o caráter de Deus. Da mesma forma, o objetivo da revelação é sempre resgatar. As palavras dos profetas e dos apóstolos não são destinadas a nos tornar inteligentes, mas a nos salvar. A redenção revela. A revelação redime.

E Cristo é ambos. Ele é o ato de redenção pleno e final de Deus e a revelação completa e final de Deus de si mesmo. Mesmo os ensinamentos posteriores dos apóstolos eram apenas as lembranças do que Cristo disse (João 14.26) e explicações adicionais operadas pelo Espírito de tudo o que ele era e tudo o que ele realizou (João 16.13-15). "Nada pode ser adicionado à sua obra redentora", Frame argumenta, "e nada pode ser acrescentado à revelação dessa obra redentora".[3] Se dissermos que a revelação não está completa, teremos que admitir que, de alguma forma, a obra da redenção também permanece inacabada.

Então, estamos dizendo que Deus não fala mais? De forma alguma. Mas temos de pensar cuidadosamente sobre como ele fala nestes últimos dias. Deus agora fala por meio de seu Filho. Pense sobre os três ofícios de Cristo – profeta, sacerdote e rei. Em um sentido muito real, Cristo terminou sua obra em cada ofício. E, no entanto, ele continua a trabalhar através dessa obra concluída.

Como rei, Cristo já está assentado no trono e já reina do céu, mas a inauguração de seu reino não é o mesmo que a consumação dele. Ainda há inimigos para vencer debaixo de seus pés (Hebreus 2.8).

---

3 Frame, *The Doctrine of the Word of God*, 227.

Como sacerdote, Cristo pagou por todos os nossos pecados com o precioso sangue, uma vez por todas, para nunca mais ser repetido. E, no entanto, esta grande salvação ainda deve ser oferecida gratuitamente e Cristo deve nos manter nela (Hebreus 2.3).

Finalmente, como um profeta, Deus falou de forma decisiva em seu Filho. Ele nos mostrou tudo o que precisamos saber, crer e fazer. Não há nada mais a dizer. E, no entanto, Deus continua falando por meio do que ele já disse. A palavra de Deus é viva e eficaz (Hebreus 4.12), e, quando as Escrituras são lidas, o Espírito Santo ainda fala (Hebreus 3.7).

Então, sim, Deus ainda fala. Ele não está em silêncio. Ele se comunica conosco de forma pessoal e direta. Mas esse discurso contínuo não é uma revelação contínua. "O Espírito Santo não revela quaisquer novas doutrinas, mas recebe tudo de Cristo (João 16.14)", Bavinck escreve. "Em Cristo, a revelação de Deus foi concluída".[4] Nestes últimos dias, Deus não nos fala por muitas e diversas maneiras, mas de uma maneira, por meio de seu Filho. E ele fala por meio de seu Filho pela revelação da obra redentora do Filho que encontramos prevista e prefigurada primeiramente no Antigo Testamento, então registrada nos evangelhos e, finalmente, desvelada pelo Espírito por meio dos apóstolos no restante do Novo Testamento.

---

4 Herman Bavinck, *Reformed Dogmatics, Volume 1. Prolegomena*, ed. John Bolt, tr. John Vriend (Grand Rapids: Baker Academic, 2003), 491. [Edição brasileira: *Dogmática Reformada, Volume Um: Prolegômena* (São Paulo: Editora Cultura Cristã, 2012).]

A Escritura é suficiente porque a obra de Cristo é suficiente. Eles permanecem ou caem juntos. A redenção do Filho e a revelação do Filho têm que ser ambas suficientes. E, como tal, não há nada mais a ser feito e nada mais a ser conhecido para a nossa salvação e nossa caminhada cristã do que o que vemos e conhecemos a respeito de Cristo e por Cristo no livro de seu Espírito. Frame está certo: "A Escritura é o testemunho de Deus sobre a redenção que ele realizou por nós. Uma vez que a redenção está terminada e o testemunho apostólico sobre ela está concluído, as Escrituras estão completas, e não devemos esperar mais adições a elas".[5] Ou como Packer colocou, de forma mais sucinta, mas não menos verdadeira, "Não há palavra alguma de Deus dita a nós hoje, exceto as palavras da Escritura".[6]

Suficiência prática

E por que isso importa? Que diferença faz a suficiência das Escrituras na sua vida cristã? Deixe-me concluir o capítulo, sugerindo quatro maneiras que deveriam fazer uma enorme diferença.

Primeiro, com a suficiência das Escrituras mantemos a tradição em seu lugar. A tradição certamente tem um lugar na compreensão da palavra de Deus e na formulação das convicções doutrinárias da Igreja. A diversidade mais facilmente esquecida hoje é a diversidade dos mortos. Devemos aprender com os grandes mestres que vieram antes de nós.

---

5 Frame, *The Doctrine of the Word of God*, 227.
6 Packer, *"Fundamentalism" and the Word of God*, 119.

A PALAVRA DE DEUS É SUFICIENTE

Devemos permanecer firmes sobre os credos ecumênicos da igreja. E, para aqueles de nós em tradições confessionais – como luteranos, anglicanos, presbiterianos e reformados – temos que nos comprometer a apoiar nossos padrões confessionais de forma séria, cuidadosa e com integridade. Mas mesmo esses grandes credos, catecismos e confissões são valiosos apenas enquanto resumem o que é ensinado nas Escrituras. Nenhum texto secundário e feito pelo homem pode substituir ou ser autorizado a subverter a nossa lealdade e conhecimento da Bíblia.

A suficiência das Escrituras fortalece o grito da Reforma de *sola Scriptura*, ou "Somente a Escritura". Isso não significa que devemos tentar abordar a Bíblia sem a ajuda de bons professores, recursos escolares e fórmulas doutrinárias testadas. "Somente" não significa "por si só" (*nuda Scriptura*), mas que a Escritura somente é a autoridade final. Tudo deve ser testado contra a palavra de Deus. A tradição não tem um papel de igualdade com a Bíblia em saber a verdade. Em vez disso, a tradição tem um papel de confirmação, iluminação e apoio. Não podemos aceitar inovações doutrinárias, como a infalibilidade papal, o purgatório, a concepção imaculada ou a veneração de Maria, porque essas doutrinas não podem ser encontradas na Palavra de Deus e contradizem o que é revelado nas Escrituras. Embora possamos respeitar os nossos amigos católicos e ser gratos por muitos aspectos da sua fé e testemunho social, não devemos vacilar em nossa fidelidade à *sola Scriptura*. Está implícito na compreensão bíblica da sua própria suficiência.

Segundo, porque a Escritura é suficiente, não acrescentaremos ou retiraremos da palavra de Deus. Ao nos achegarmos à Bíblia, devemos sempre lembrar que estamos lendo um livro pactual. E documentos pactuais normalmente concluem com uma maldição de inscrição pactual. Vemos essa maldição em Deuteronômio 4.2 e 12.32, onde os israelitas são advertidos contra acrescentar à lei mosaica ou retirar qualquer coisa dela (cf. Provérbios 30.5-6). Da mesma forma, vemos o mesmo tipo de maldição na conclusão do Novo Testamento em Apocalipse 22.18-19 – "Eu, a todo aquele que ouve as palavras da profecia deste livro, testifico: Se alguém lhes fizer qualquer acréscimo, Deus lhe acrescentará os flagelos escritos neste livro; e, se alguém tirar qualquer coisa das palavras do livro desta profecia, Deus tirará a sua parte da árvore da vida, da cidade santa e das coisas que se acham escritas neste livro". Esta forte admoestação, no final de toda a Bíblia, é um lembrete forte de que não devemos acrescentar nada à Escritura – para torná-la melhor, mais segura ou mais de acordo com as nossas suposições – e não devemos retirar nada dela, mesmo se a experiência, revistas acadêmicas ou o humor da cultura insistir que devemos.

Terceiro, visto que a Bíblia é suficiente, podemos esperar que a palavra de Deus seja relevante em todos os aspectos da vida. Deus nos deu tudo o que precisamos para a vida e a piedade (2 Pedro 1.3) porque a Escritura é suficiente para nos tornar sábios para a salvação e santos para o Senhor (2 Timóteo 3.14-17). Se aprendermos a ler a Bíblia para baixo (em nossos corações), do outro lado (o enredo da Escritura), para fora (para o fim da história) e para cima (para a glória de Deus, na face de Cristo), descobriremos que cada parte da Bíblia é proveitosa para nós. Afirmar a suficiência das Escrituras não é sugerir que a Bíblia nos diz tudo o que queremos saber sobre tudo, mas que ela nos diz tudo o que precisamos saber sobre o que mais importa. A Escritura não oferece informações completas sobre todos os assuntos, mas em todas as disciplinas que ela trata, só diz o que é verdadeiro. E, em sua verdade, temos conhecimento suficiente para abandonar o pecado, encontrar o Salvador, tomar boas decisões, se Deus quiser, e chegar à raiz dos nossos problemas mais profundos.

Quarto, a doutrina da suficiência das Escrituras nos convida a abrir nossas Bíblias para ouvir a voz de Deus. Não muito tempo atrás, eu estava em um grupo de aconselhamento da denominação onde nos foi dito para encontrarmos nossas "normas" como uma comunidade. Quando sugeri que a nossa primeira norma deveria ser testar tudo à luz da palavra de Deus, foi-me dito – e isto é uma citação exata – que "não estamos aqui para abrir nossas Bíblias". O objetivo do grupo, aparentemente, era que nós ouvíssemos nossos corações e uns aos outros, mas nem tanto de forma que ouvíssemos a Deus. Mais tarde, na mesma reunião denominacional, um pastor da América do Sul abordou todo o corpo. Ao perceber uma propaganda na parte de trás sobre um evento em que iríamos "descobrir" a visão de Deus para a nossa denominação, o homem disse: "Descobrir? Espero que vocês encontrem o que estão procurando. E tentem não demorar muito". Foi uma alfinetada bem colocada em relação à tendência na Igreja Americana de planejar, e sonhar, e esquematizar, e projetar uma visão, e se envolver em discernimento mútuo, tudo enquanto, ao mesmo tempo, a clara voz de Deus permanece negligenciada em nosso colo.

A palavra de Deus é mais que suficiente para que o povo de Deus viva sua vida para a glória de Deus. O Pai falará por meio de tudo o que o Espírito falou por meio do Filho. A questão é se abriremos nossas Bíblias e nos preocuparemos em ouvir.

Capítulo Quatro

A PALAVRA DE DEUS É CLARA

Porque este mandamento que, hoje, te ordeno não é demasiado difícil, nem está longe de ti. Não está nos céus, para dizeres: Quem subirá por nós aos céus, que no-lo traga e no-lo faça ouvir, para que o cumpramos? Nem está além do mar, para dizeres: Quem passará por nós além do mar que no-lo traga e no-lo faça ouvir, para que o cumpramos? Pois esta palavra está mui perto de ti, na tua boca e no teu coração, para a cumprires. (Deuteronômio 30.11-14)

Vários anos atrás, falava em um painel acerca da igreja emergente. Junto de outros palestrantes, estava em uma sala de conferências enorme que poderia acomodar pelo menos mil pessoas. Era uma atmosfera semelhante a de debates com réplicas e tréplicas, com um número robusto de 75 pessoas mal prestando atenção, visto que se sentavam espalhadas pelo salão cavernoso. Embora o evento fosse eminentemente esquecível, eu me lembro dessa sessão por causa do homem que veio conversar comigo depois. Na verdade, "conversar" seria um pouco de eufemismo. Estava mais para uma arenga. Este homem, cuja esposa estava de pé um pouco mais para o lado com a expressão de "eu já vi isso antes" em seu rosto, ficou furioso porque me atrevi a dizer que eu sabia o que a Escritura ensinava.

Logo percebi que a nossa conversa não estava indo a lugar nenhum e só frustrando a nós dois. Sempre que eu trazia um texto da Escritura, ele dizia, "Bem, isso é apenas a sua interpretação". Então eu trazia outras passagens para mostrar que Jesus e os apóstolos afirmaram conhecer o que a Escritura dizia, e ele falava: "Bem, essa é apenas a sua interpretação dessas passagens sobre interpretar a Escritura". Então eu falava sobre Paulo debatendo na sinagoga, e ele dizia: "Isso é apenas a sua maneira de entender essa história". Você pode ver porque a conversa não era muito significativa. Nós não podíamos falar sobre quaisquer outras questões importantes porque não concordávamos se podíamos saber qualquer coisa com certeza a partir da Bíblia. Em suma, nós não compartilhávamos o mesmo entendimento da clareza da Escritura.

Uma Definição Cuidadosa

A clareza das Escrituras – às vezes conhecida pela palavra mais antiga "perspicuidade" (que, para uma palavra que significa clareza, não é tão clara assim) – é cuidadosamente definida na Confissão de Fé de Westminster.

> Na Escritura não são todas as coisas igualmente claras em si, nem do mesmo modo evidentes a todos; con-

tudo, as coisas que precisam ser obedecidas, cridas e observadas para a salvação, em um ou outro passo da Escritura, são tão claramente expostas e explicadas que não só os doutos, mas também os indoutos, no devido uso dos meios ordinários, podem alcançar uma suficiente compreensão delas. (CFW, I.7)

É válido notar várias nuances importantes nesta definição.

- Alguns versos são mais claros do que outros. Nem todo verso tem um significado simples ou óbvio.
- As principais coisas que precisamos saber, crer e fazer podem ser vistas claramente na Bíblia.
- Embora as doutrinas mais essenciais não sejam igualmente claras em cada passagem, elas são tornadas claras em algum lugar nas Escrituras.
- O que é necessário para nossa salvação pode ser entendido até mesmo por quem não obteve formação educacional, desde que façam uso dos meios ordinários de estudo e aprendizagem.
- Os pontos mais importantes nas Escrituras talvez não possam ser entendidos perfeitamente, mas eles podem ser entendidos de forma suficiente.

A doutrina da clareza da Escritura não é uma afirmação exagerada de que o significado de cada versículo da Bíblia será óbvio para todos. Antes, este atributo da Escritura sustenta a noção de que pessoas comuns utilizando-se de meios comuns podem compreender com precisão o suficiente do que deve ser conhecido, crido e observado por elas a fim de serem cristãs fiéis.

Uma doutrina disputada

Enquanto a clareza das Escrituras seja clara para alguns cristãos, muitos outros a mantém sob suspeição. As objeções típicas podem ser agrupadas em três categorias.

A Objeção Mística. De acordo com este ponto de vista – que muitas vezes é um estado de espírito ou uma reação exagerada mais do que uma escola de pensamento formal –, Deus é tão transcendente, que não se pode falar a seu respeito de forma significativa com palavras. No nível popular, isso geralmente é transmitido como uma humilde tentativa de resgatar Deus de todo a nossa teologização artificial. A fé cristã, diz-se, é totalmente misteriosa. Trata-se de coisas que não podem ser colocadas em palavras. Afinal, você não pode colocar Deus em uma caixa. A verdade não pode ser capturada em palavras ou proposições. No mínimo, isso significa que devemos ser radicalmente incertos sobre as nossas interpretações da Bíblia. No máximo, isso sugere que a própria Escritura não é nada além de uma tentativa débil de descrever os mistérios da fé com as imperfeições da linguagem humana.

A Objeção Católica. Protestantes e católicos, historicamente, têm mantido o mesmo entendimento de inspiração e inerrância, mas divergem quando se trata de alguns atributos das Escrituras. Teólogos católicos afirmam que a Bíblia como um todo não é suficientemente clara em si mesma. A Escritura é, em algumas partes, incompleta e precisa ser explicada e ampliada pela tradição. Por nossa própria conta, portanto, estamos fadados a interpretar mal a Escritura e aplicá-la de forma errada. Precisamos de alguém ou algo que apresente uma interpretação oficial e obrigatória. A tarefa de dar uma "interpretação autêntica" da palavra de Deus foi dada ao Magistério, ou seja, ao Papa e aos bispos em comunhão com ele.[1]

A objeção do Pluralismo. Esta objeção é baseada em uma avaliação da nossa difícil situação interpretativa atual. Se a Bíblia é tão clara, o argumento continua, então por que os cristãos não concordam quanto ao seu significado? Por que existem tantas denominações? Por que existem tantos livros cristãos com quatro pontos de vista sobre isso e cinco pontos de vista sobre aquilo? As pessoas alegam saber o que a Bíblia afirma, mas como ela pode ser tão clara se a Igreja usou a Bíblia para justificar a escravidão, ou as cruzadas, ou um mundo plano, ou uma visão geocêntrica do universo? No final, o argumento não é tanto sobre se uma interpretação particular é certa ou errada. A objeção do pluralismo questiona a própria ideia de que qualquer um de nós possa ter bases suficientes para *saber* se a interpretação é certa ou errada.

Ao invés de responder a cada objeção específica ponto por ponto, eu gostaria de tomar uma abordagem mais ampla e ver o que a Bíblia diz sobre a sua própria clareza. Percorrendo

---

1 *Catecismo da Igreja Católica*, 2º ed. 1997, pt. 1, sec. 1, cap. 2, art. 2, III [#85, 100].

as Escrituras e, então, retirando algumas das implicações do que encontrarmos, eu penso que a nossa definição inicial pode ser suportada e as várias objeções, abordadas. Começaremos olhando para a passagem que iniciou este capítulo.

Perto, não distante

O livro de Deuteronômio registra a segunda promulgação da lei, no momento em que os israelitas estão prestes a entrar na terra prometida (Deuteronômio 1.1-8). Trabalhando de trás para frente: o capítulo 34 registra a morte de Moisés, o capítulo 33, a bênção final de Moisés, capítulo 32, o Cântico de Moisés, capítulo 31, a escolha de Josué para suceder Moisés, e os capítulos 1-30 constituem um longo sermão e cerimônia de renovação pactual falados pelo Senhor pela boca de Moisés. Os capítulos 29 e 30, logicamente, servem como uma conclusão climática para o sermão de Moisés. Aproximando um pouco mais, descobrimos que Deuteronômio 30.11-20 é a exortação final nesta longa oração. Moisés está implorando às pessoas que escolham a vida, em vez de morte, guardando os mandamentos e preceitos do Senhor (vv. 15-20). Esse é o argumento central de tudo o que Moisés colocou nos capítulos 1-30. Mas, a fim de tornar esta incumbência efetiva, Moisés tem de mostrar ao povo que ele não está pedindo algo impossível. Então, pouco antes da exortação nos versos 15-20, Moisés reafirma ao povo, nos versículos 11-15, que a palavra de Deus não está fora do alcance deles.

Ironicamente, essa passagem sobre a simplicidade da Palavra de Deus não é a mais fácil de entender. À primeira vista, parece ir de encontro às declarações de Paulo sobre a lei e nossa incapacidade. Como Moisés pode dizer "este mandamento que te ordeno não é demasiado difícil" (v. 11) e que "vocês poderão obedecer-lhe" (v. 14, NVI), se "não há justo, nem um sequer"? (Romanos 3.10). Eu pensei que a lei tivesse sido dada precisamente porque não podíamos mantê-la (cf. Gálatas 3.19-22). E, claro, isso é verdade sobre a lei como um meio de nossa própria libertação. Moisés, porém, não está falando de cumprimento da lei como autojustificação. Ele está falando a um povo já salvo do Egito, já graciosamente posto em liberdade, já liberto de qualquer observância da lei. Ele está exortando-os a viver como pessoas livres, redimidas e escolhidas de Deus. E assim, Moisés lhes reafirma que a palavra de Deus pode ser *entendida* e *obedecida* – não perfeitamente e não meritoriamente, mas de uma forma que agrada ao Deus que já os salvou graciosamente. Quando você pensa sobre isso, não é diferente de Jesus dizendo aos seus discípulos para obedecer a tudo o que ele lhes ordenou (Mateus 28.20) ou João declarando que "os seus mandamentos não são penosos" (1 João 5.3).

A imagem da palavra de Deus em Deuteronômio 30.11-15 é de algo que pode ser compreendido de forma clara. "Eles nunca poderiam pleitear em desculpa de sua desobediência", explica Matthew Henry, "que Deus lhes havia ordenado fazer o que era ou ininteligível ou impraticável, impossível de ser conhecido ou feito".[2] Você não tem que ir ao céu para entender a

---

2 *Matthew Henry's Commentary on the Whole Bible* (Nova York: Fleming H. Revell Company, 1935), 1.853.

palavra de Deus (v. 12). Você não precisa atravessar um oceano para encontrá-la (v. 13). A palavra de Deus não é inacessível ou esotérica. Como Calvino diz, "Deus não nos propõe enigmas obscuros para manter nossas mentes em suspense e atormentar-nos com dificuldades, mas ensina familiarmente o que for necessário, de acordo com a nossa capacidade e, consequentemente, ignorância do povo".[3]

O que Deus queria de seu povo não estava escondido longe no céu ou armazenado distante além do mar. A lei pode estar em nossos lábios. Ela pode ser ensinada aos nossos filhos (6.7). A vontade revelada de Deus não necessita de busca e resolução de mistérios do universo (29.29). A palavra de Deus está perto, não distante, bem diante de você, pronta para ser entendida e obedecida.

Base de confirmação

O que Deuteronômio ensina sobre a clareza da palavra de Deus é confirmada por todo o restante da Bíblia. Nos Salmos, por exemplo, o salmista compara a palavra de Deus à luz. A palavra é lâmpada para os nossos pés e luz para o nosso caminho (Salmo 119.105). A revelação das suas palavras esclarece e dá entendimento aos simples (v. 130). A lei dá sabedoria aos símplices e ilumina os olhos (19.7-8). Uma vez que Deus é luz (1 João 1.5), seria de se esperar que a sua palavra também fosse clara e brilhante. Afinal, Deus comunica para revelar, não para obscurecer.

---

[3] João Calvino, *Calvin's Commentaries, Volume 2*, Trad. Charles William Bingham (Grand Rapids: Baker, 1993), 412.

Quando o livro da lei foi redescoberto nos dias de Josias, o povo leu, entendeu e soube o que tinha de fazer em resposta (2 Reis 22-23). O significado do texto não deixou de ser compreendido por eles, mesmo após a passagem de muitos anos. Que sentido haveria em proferir ameaças e promessas a um povo ferido, assustado, sem lei e desesperado, a menos que se assumisse que todas essas ameaças e promessas poderiam ser compreendidas, pelo menos o suficiente para que as pessoas respondessem em fé e arrependimento? A presença dos profetas, os advogados da aliança de Deus, só faz sentido no pressuposto de que eles tinham o direito de esclarecer os tópicos da lei que o povo deveria ter conhecido e seguido, mas estava ignorando. Na verdade, a estrutura fundamental de todo o Antigo Testamento assume que as palavras e textos sagrados são veículos adequados para a transmissão das intenções e desejos de Deus. É por isso que Neemias pode nos dizer que Esdras e os sacerdotes "leram no livro, na Lei de Deus, claramente, dando explicações, de maneira que entendessem o que se lia" (8.8). Não apenas a *interpretação* deles, mas o *significado* da palavra de Deus.

Esta mesma abordagem da Escritura era compartilhada por Jesus e os apóstolos. Dezenas de vezes Jesus apelou para um texto do Antigo Testamento certo de que tal apelo resolvia a questão. Isto implica não somente em que Jesus acreditava que o Antigo Testamento era confiável, mas que tinha um significado fixo que os outros deveriam ser capazes de reconhecer. Jesus muitas vezes se referiu às Escrituras como prova da veracidade de seus ensinamentos (Mateus 21.42-44; Marcos 10.4-9; João 10.34-35). Outras vezes, ele repreendeu a sociedade judaica pela não conformidade com a Palavra de Deus (Mateus 21.13, Marcos 7.6-7, 10). "Ide, porém, e aprendei o que significa: Misericórdia quero e não holocaustos", Jesus disse em uma ocasião (Mateus 9.13), sugerindo que eles deveriam ter entendido como este versículo de Oséias se aplicava ao "escândalo" de comer com publicanos e pecadores. Seis vezes Jesus pergunta: "Não tendes lido...", sugerindo que, se seus oponentes conhecessem as Escrituras melhor, eles não estariam cometendo o erro que estavam cometendo. Jesus abordou a revelação escrita de Deus como se ela pudesse ser conhecida e compreendida. E os apóstolos fizeram o mesmo, citando a Escritura, debatendo a partir dela, aludindo a ela, e encontrando o cumprimento nela, tudo com a suposição de que esses textos tinham um significado correto, e os apóstolos tinham-no em sua posse.

O imperativo da clareza

A clareza da Escritura é uma daquelas doutrinas que você realmente não sente falta até que ela se vá. Está constantemente sendo atacada por cristãos bem-intencionados (e às vezes não tão bem-intencionados!) que pensam que a melhor parte da piedade é questionar a inteligibilidade da revelação verbal. Os desafios para a clareza das Escrituras começam pequenos. Eles parecem humildes e práticos em um primeiro momento. Mas, no final, se perdermos este atributo das Escrituras – tão claramente ensinado, se não simplesmente assumido, nas páginas da Bíblia – nós perdemos algumas das verdades mais preciosas e disputadas que a igreja deve ter se quiser crescer e florescer. Há muita coisa em jogo com esta doutrina.

Em primeiro lugar, o dom da linguagem humana está em jogo. Parece humilde dizer: "Não podemos colocar Deus em uma caixa. Não podemos defini-lo com a linguagem humana. Se pudéssemos defini-lo com as nossas palavras, então ele não seria mais Deus. A Escritura simplesmente nos dá um registro inspirado de seres humanos que tentam descrever mistérios que estão além da mera palavra e linguagem". Isso parece bom, até mesmo nobre. Mas há várias suposições escondidas em um discurso como esse.

- Se Deus não pode ser descrito com palavras exaustivamente, então ele não pode ser descrito de forma verdadeira de maneira alguma.
- A Escritura não é Deus revelando-se a nós, mas o registro de seres humanos tentando entender Deus.
- A linguagem humana é tão irremediavelmente falha, imprecisa e impotente a ponto de torná-la um meio inutilizável de comunicação divina.

Cada uma dessas hipóteses é profundamente falha. Só porque Deus não pode ser conhecido exaustivamente, não significa que ele não possa ser conhecido de maneira alguma. Teólogos há muito distinguem entre o conhecimento arquetípico (o que Deus tem de si mesmo) e o conhecimento ectípico (aquilo que temos em virtude de sua autorrevelação). E, em nenhum lugar, Jesus ou os apóstolos tratam o Antigo Testamento como reflexões humanas sobre o divino. Ao contrário, é a voz do Espírito Santo (Atos 4.25; Hebreus 3.7) e o próprio sopro de Deus (2 Timóteo 3.16).

Mais diretamente ao ponto, a linguagem humana, ainda que imperfeita e imprecisa por vezes, é mais bem vista como um dom divino. Deus é o primeiro a falar no universo. Para ser mais preciso, o seu discurso chama o universo à existência (Hebreus 11.3). Então ele vem a Adão com palavras, esperando que o portador da imagem entenda o que ele comunica e obedeça a seus estatutos. E quem é o primeiro que contesta a clareza da revelação verbal? É a serpente, contestando se Deus realmente falou o que Adão e Eva o ouviram dizer (Gênesis 3.1).

Deus é o orador divino antecedente a todos os discursos humanos. A facilidade para a linguagem é parte do dom que Deus nos dá de si mesmo. Uma coisa é sugerir que Deus não pode ser absolutamente conhecido ou contido em qualquer sistema verbal. É apropriado admitir que a linguagem possa ser usada enganosamente e esteja sujeita à ambiguidade. Mas, se somos criados à imagem de Deus, então parece lógico que sejamos parceiros aptos a conversar com o Deus que começou o universo ao falar. A linguagem humana é um meio divinamente criado, pelo qual Deus, desde o início, intencionou fazer a si mesmo e seus caminhos conhecidos.

Em segundo lugar, o dom da liberdade humana está em jogo. A doutrina protestante da perspicuidade é uma das bases para a liberdade religiosa no Ocidente. Implícito na afirmação da clareza da Escritura está o reconhecimento de que os indivíduos têm a responsabilidade e a capacidade de interpretar a Escritura por si mesmos. Não à parte da comunidade, ou sem atenção à história, tradição e erudição. Mas, em última análise, a doutrina da perspicuidade significa que eu não deveria ser forçado a ir contra a minha consciência. Só Jesus Cristo falando por meio da palavra é o Senhor da consciência.

Claro, a mais protestante das doutrinas abriu a porta para todos os tipos de problemas – facções, interpretações excêntricas, individualismo desenfreado e afins. Mas, apesar desses perigos, a liberdade que a perspicuidade protege vale o custo. Herman Bavinck explica:

> No cômputo geral, no entanto, as desvantagens não superam as vantagens. Pois a negação da clareza das Escrituras traz consigo a sujeição do leigo ao sacerdote, ou a consciência de uma pessoa à Igreja. A liberdade de religião e de consciência humana, da Igreja e da teologia, permanece e cai com a perspicuidade das Escrituras. Ela sozinha é capaz de manter a liberdade do cristão; é a origem e a garantia de liberdade religiosa, bem como de nossas liberdades políticas. Mesmo se uma liberdade não puder ser obtida e apreciada à parte dos perigos da licenciosidade e capricho, é ainda assim sempre tão preferível a uma tirania que suprime a liberdade.[4]

---

4 Bavinck, *Reformed Dogmatics*, 1.479.

A doutrina bíblica da perspicuidade pode ser empregada de maneira errada. Mas uma série de más interpretações e o protestantismo acessível-para-todos ainda vale a pena o preço de ler a Bíblia por nós mesmos de acordo com as nossas consciências (imperfeitas) e dadas por Deus. Liberdade de investigação e expressão religiosa não seria possível sem a convicção na clareza da Escritura.

Em terceiro lugar, a forma como Deus é está em jogo. O trabalho fantástico de D. A. Carson, *O Deus Amordaçado*, foi apropriadamente intitulado. No coração do ceticismo pós-moderno sobre o conhecimento de Deus está uma concepção inferior de como Deus é. A questão não é se somos arrogantes o suficiente para pensar que espreitamos através do recuo da eternidade e entendemos Deus oniscientemente. A questão é se Deus é o tipo de Deus que está disposto a se comunicar com as suas criaturas e é capaz de fazê-lo de forma eficaz. Deus pode falar? Ou ele está amordaçado?

Você talvez já tenha lido o pequeno poema sobre seis homens cegos e o elefante. Neste poema burlesco, há seis homens cegos tocando um elefante, tentando determinar o que eles estão apalpando. Um homem toca a barriga do animal e pensa que é um muro. Outro agarra-lhe a orelha e pensa que é uma ventoinha. Outro pensa que sua cauda é uma corda. E eles continuam agarrando partes do elefante sem que nenhum deles saiba o que realmente estão apalpando. O ponto da história? Somos todos cegos quando se trata de Deus. Conhecemos uma parte dele, mas realmente não sabemos quem ele é. Ninguém está mais certo do que qualquer outra pessoa. Estamos todos apenas agarrando partes no escuro, pensando que sabemos mais do que realmente sabemos.

Mas é claro que existem dois enormes problemas com essa analogia. Para começar, toda a história é contada do ponto de vista de alguém que sabe claramente que o elefante é um elefante. Para a história fazer sentido, o narrador tem de ter conhecimento claro e preciso do elefante. A segunda falha é ainda mais grave. A história é uma descrição perfeitamente boa da incapacidade humana acerca de assuntos do divino. Somos cegos e incapazes de conhecer a Deus por nossos próprios dispositivos. Mas a história nunca considera esta questão que abala paradigmas: e se o elefante falasse? E se ele dissesse aos homens cegos: "Essa estrutura semelhante a um muro é o meu lado. Essa ventoinha é, na verdade, a minha orelha. E isso não é uma corda, é uma cauda". Se o elefante dissesse tudo isso, será que os seis homens cegos seriam humildes ao ignorar a sua palavra, ou simplesmente seriam tardios em ouvir?

Não podemos separar a epistemologia (isto é, a nossa teoria do que sabemos e como podemos sabê-lo) do resto da teologia. Estes debates altissonantes sobre perspicuidade e hermenêutica realmente tem a ver com o caráter de Deus. Deus é sábio o suficiente para tornar-se conhecido? Ele é bom o suficiente para tornar-se acessível? Ele é gracioso o suficiente para se comunicar de maneiras que sejam compreensíveis para o manso e humilde? Ou será que Deus nos dá mandamentos que não podemos compreender e uma autorrevelação que traz mais perguntas do que respostas?

Finalmente, está em jogo para quem Deus é. A doutrina da clareza da Escritura insiste que mesmo o discípulo mais simples pode entender a palavra de Deus e ser salvo. Sem essa doutrina, você se perguntará: A Bíblia é apenas para pastores e padres? Leigos podem ser confiados com as Sagradas Escrituras? Você precisa ser um estudioso para realmente entender a palavra de Deus? Você precisa de um conhecimento prático de grego e hebraico, do judaísmo do Segundo Templo, dos costumes greco-romanos, da antiga religião do Oriente Próximo ou crítica de escrita, crítica de fontes e crítica de forma? Será que Deus é um Deus somente dos inteligentes? Como R. C. Sproul colocou: "Que tipo de Deus revelaria o seu amor e redenção em termos tão técnicos e conceitos tão profundos, de modo que apenas um corpo de elite de estudiosos profissionais poderia compreendê-los?".[5]

William Tyndale (1494-1536) foi muitas vezes criticado e esteve frequentemente em perigo por seus esforços para traduzir a Bíblia para a língua comum do povo. Em uma ocasião, em discussão com um "homem culto", ele respondeu, "Se Deus poupar minha vida, em não mais que alguns anos, farei com que um menino que se ocupa em puxar o arado conheça melhor as escrituras do que tu conheces".[6] Isso é confiança na

---

5 Citado em Mark D. Thompson, *A Clear and Present Word: The Clarity of Scripture* (Downers Grove, IL: InterVarsity Press, 2006), 79.
6 David Daniell, *William Tyndale: A Biography* (New Haven: Yale University, 1994), 79.

doutrina da clareza da Escritura. E custou a Tyndale sua vida. Ele morreu por estrangulamento, e seu corpo foi queimado na praça da cidade. Apropriadamente, prestes a morrer, ele gritou estas últimas palavras com grande voz: "Senhor, abre o olhos do Rei da Inglaterra".[7] Sim, abra nossos olhos para ver o poder e privilégio que temos de ler as Escrituras em uma língua que podemos entender. Abra nossos olhos para contemplar as maravilhas da sua lei. Abra nossos olhos para ver a verdade que o Senhor claramente colocou diante de nós. Deus tornou-a clara – a todos nós. Se apenas tivéssemos olhos para ver.

---

7 Ibid., 383.

Capítulo Cinco

A PALAVRA DE DEUS É FINAL

Tendo passado por Anfípolis e Apolônia, chegaram a Tessalônica, onde havia uma sinagoga de judeus. Paulo, segundo o seu costume, foi procurá-los e, por três sábados, arrazoou com eles acerca das Escrituras, expondo e demonstrando ter sido necessário que o Cristo padecesse e ressurgisse dentre os mortos; e este, dizia ele, é o Cristo, Jesus, que eu vos anuncio. Alguns deles foram persuadidos e unidos a Paulo e Silas, bem como numerosa multidão de gregos piedosos e muitas distintas mulheres. Os judeus, porém, movidos de inveja, trazendo consigo alguns homens maus dentre a malandragem, ajuntando a turba, alvoroçaram a cidade e, assaltando a casa de Jasom, procuravam trazê-los para o meio do povo. Porém, não os encontrando, arrastaram Jasom e alguns irmãos perante as autoridades, clamando: Estes que têm transtornado o mundo chegaram também aqui, os quais Jasom hospedou. Todos estes procedem contra os decretos de César, afirmando ser Jesus outro rei. Tanto a multidão como as autoridades ficaram agitadas ao ouvirem estas palavras; contudo, soltaram Jasom e os mais, após terem recebido deles a fiança estipulada.

E logo, durante a noite, os irmãos enviaram Paulo e Silas para Beréia; ali chegados, dirigiram-se à sinagoga dos judeus. Ora, estes de Beréia eram mais nobres que os de Tessalônica; pois receberam a palavra com toda a avidez, examinando as Escrituras todos os dias para ver se as coisas eram, de fato, assim. Com isso, muitos deles creram, mulheres gregas de alta posição e não poucos homens. Mas, logo que os judeus de Tessalônica souberam que a palavra de Deus era anunciada por Paulo também em Beréia, foram lá excitar e perturbar o povo. Então, os irmãos promoveram, sem detença, a partida de Paulo para os lados do mar. Porém Silas e Timóteo continuaram ali. Os responsáveis por Paulo levaram-no até Atenas e regressaram trazendo ordem a Silas e Timóteo para que, o mais depressa possível, fossem ter com ele. (Atos 17.1-15)

Esses dois episódios – um em Tessalônica, e outro em Bereia – têm muito em comum. Em ambas as cidades, Paulo começou seu trabalho evangelístico na sinagoga (vv. 1, 10). Em ambas as ocasiões, vemos a palavra ser proclamada e examinada, e o uso da razão e da persuasão (vv. 2, 3, 4, 11, 13). E, em ambos os exemplos, a reação geral foi similar: seguiu-se uma controvérsia, pois alguns receberam a palavra (vv. 4, 12), e outros a odiaram (vv. 5, 13). Os empreendimentos missionários em Tessalônica e Bereia foram semelhantes entre si de várias maneiras e muito parecidos com a experiência de Paulo pregando o evangelho em outras cidades greco-romanas.

Mas não semelhantes em todos os sentidos. As comparações acima são enganosas em um aspecto. Enquanto a proclamação do evangelho foi controversa em ambas as cidades, as multidões foram agitadas em Bereia porque os judeus de *Tessalônica* haviam vindo agitá-las. Ainda que o esboço dos eventos seja o mesmo, claramente há a intenção no texto de nos fazer ver um contraste entre a aproximação tessalônica e a bereiana da palavra de Deus.

Tessalonicenses teatrais

A atitude tessalônica em relação à verdade do evangelho é destrutiva, beirando o delírio. Para começar, o seu julgamento é obscurecido por preconceitos pessoais. Os judeus não gostam que Paulo seja popular (v. 5). Na verdade, há uma grande probabilidade de que a maioria dos convertidos de Tessalônica fosse proveniente do paganismo, não do judaísmo (1 Tessalonicenses 1.9). O próprio povo de Paulo desconsiderou a sua mensagem porque pensou que ele era um mandachuva. Infelizmente, esse tipo de preconceito acontece o tempo todo. As pessoas rejeitarão a palavra de Deus porque a música na igreja é muito alta ou muito antiga, ou a igreja é muito pequena ou muito grande, ou porque o pastor se veste de forma esquisita, ou porque uma vez eles conheceram um cristão ruim, ou porque eles não querem ser como seus pais.

E, algumas vezes, encontramos uma razão para rejeitar a palavra de Deus porque não estamos interessados em fazer o que ela diz. Como Aldous Huxley, o famoso autor de *Admirável Mundo Novo* que se envolveu com o misticismo oriental e LSD, uma vez comentou:

> Para mim, como, sem dúvida, para a maioria dos meus contemporâneos, a filosofia da falta de sentido foi essencialmente um instrumento de libertação. A libertação que desejávamos era simultaneamente a libertação de um determinado sistema político e econômico, e libertação de um determinado sistema de moralidade. Nós nos opúnhamos à moralidade porque ela interferia com a nossa liberdade sexual; nós nos opúnhamos ao sistema político e econômico porque ele era injusto.[1]

Sem dúvida, algumas pessoas rejeitam o evangelho e a Bíblia por causa de questões intelectuais genuínas, mas estou convencido de que, com a mesma frequência, o orgulho e o preconceito pessoal são culpados. Nós não gostamos das pessoas que ensinam a Bíblia e não gostamos do que a Bíblia nos ensina. Então, armamos nossos corações completamente contra a palavra de Deus, exatamente como os tessalonicenses fizeram.

Os tessalonicenses eram cegos também às suas próprias contradições. Você já conheceu alguém que fizesse a declaração

---

[1] Robert S. Baker e James Sexton (eds.), *Aldous Huxley Complete Essays, Volume 4* (Lanham, MD: Ivan R. Dee, 2001), 369.

proposicional: "Eu não acredito em uma religião construída sobre uma verdade proposicional" ou proferisse um sentimento intolerante: "Eu não suporto idiotas intolerantes"? Uma inconsistência semelhante está sendo mostrada pelos tessalonicenses. Eles se queixam dos cristãos que causam confusão e "têm transtornado o mundo" (v. 6). Então, o que eles fazem? Eles reúnem uma multidão, colocam a cidade em alvoroço, e arrastam um homem chamado Jasom para fora de sua casa (v. 5). Eles não conseguem ver a inconsistência de sua acusação contra Paulo e Silas. Eles estão cegos para os seus próprios pecados, tendo um peso e duas medidas. Assim como a estudante que se recusa a ser uma "Maria vai com as outras", então, em vez disso, ela se veste, fala, compra, pensa e estiliza seus cabelos como milhares de outros "rebeldes". Ou como a pessoa crítica que censura julgamentos severamente, ou o líder que diz: "questão de autoridade" com base em sua própria autoridade, ou a pessoa que força sua moralidade devassa a todos os outros porque está cansada de todo mundo forçando sua própria moralidade. Algumas pessoas rejeitam a palavra de Deus porque sempre enxergam nos outros aquilo que jamais veriam em si mesmas.

E quando as pessoas estão cheias de preconceitos e cegas às suas próprias contradições, elas acabam atacando os outros em vez de desenvolver argumentos. Os tessalonicenses recorrem ao abuso verbal (v. 6), à distorção da verdade (v. 7) e à agressão física (v. 5). Essa é uma multidão muito diligente, caminhando por 72 quilômetros até Bereia, em um esforço para fazer com que essa cidade se volte contra os discípulos. Eles não estão interessados em uma consideração fundamentada das reivindicações cristãs. Eles estão interessados na destruição total de uma seita que já concluíram ser perigosa e digna de desprezo. Alguns opositores da palavra de Deus chegam às suas objeções honestamente, mas outros nunca pararam para examinar as Escrituras por si mesmos. Pois já decidiram que a Bíblia é anticiência, antimulher e antigay, sem se preocupar em definir os termos ou investigar a Bíblia com a razão tranquila e uma mente aberta.

Melhores bereanos

Os judeus em Bereia, pelo contrário, eram mais nobres do que os de Tessalônica. Eles ansiavam por ouvir a palavra e eram persistentes no estudo das Escrituras (v. 11). Diariamente eles examinavam as Escrituras para ver se a palavra de Paulo poderia ser apoiada pela palavra de Deus. Eles olhavam tudo, testando diligentemente o que ouviam para discernir qual era a verdade.

Quando falo em diferentes conferências e igrejas, fico muitas vezes surpreso com quão poucas pessoas se preocupam em olhar para suas Bíblias enquanto estou falando. Seja por preguiça, esquecimento ou qualquer outra coisa – esse não é um bom hábito. Eu não tenho nenhuma autoridade em mim mesmo. Não quero que as pessoas simplesmente aceitem o que eu digo. O povo de Deus deveria estar testando tudo à luz da palavra de Deus. Quer estejamos ensinando ou ouvindo, precisamos ter nossas Bíblias abertas como os bereanos.

Todos os dias eles examinavam as Escrituras para ver se o evangelho de Paulo tinha autoridade divina. E eles confirmaram que o que ouviram era fiel à Escritura, "com isso, muitos deles creram" (v. 12). Os bereanos eram mais nobres que os tessalonicenses, pois eram totalmente submissos às Escrituras. Eles aceitariam algo novo – se pudesse ser apoiado nas Escrituras. Eles creriam em algo controverso – se fosse baseado nas Escrituras. Eles estavam dispostos a seguir a Cristo pelo resto de suas vidas, contanto que, no processo, estivessem seguindo as Escrituras.

Esta passagem demonstra perfeitamente o que significa afirmar a autoridade da Bíblia. Quando se diz que os bereanos estavam "examinando as Escrituras todos os dias para ver se as coisas eram, de fato, assim" (v. 11), a implicação é que, se a Escritura dissesse isso, eles creriam. E, se não pudessem encontrar o ensinamento de Paulo confirmado na Escritura e coerente com ela, eles o rejeitariam. A palavra escrita de Deus era a sua autoridade. Ela tinha a última palavra. Ela era a palavra final, após a qual nenhuma outra palavra seria necessária, e contrariamente a ela, nenhuma outra palavra seria crida.

Uma questão de autoridade

Se você já se perguntou por que diferentes cristãos professos chegam a conclusões teológicas tão diferentes, pelo menos uma parte da resposta – a maior parte, na verdade – tem a ver com a questão da autoridade. Os três principais ramos do cristianismo no Ocidente – católico-romano tradicional, protestante liberal e evangélico – não concordam sobre como julgar alegações de verdade concorrentes. Nós não respondemos à pergunta "Qual é a nossa autoridade final?" da mesma maneira. Todo cristão reconhece que, em certo sentido, a nossa teologia e ética devem "ser de acordo com as Escrituras". Mas, quando a hora da verdade chega na disputa teológica, a quem ou a que nós apelamos para fazer nossos argumentos finais?

Veja se você consegue identificar as diferenças entre estas três afirmações sobre autoridade das Escrituras, cada uma delas é feita por autores contemporâneos de diferentes ramos do cristianismo ocidental.

A primeira é de Peter Kreeft, um ótimo e cativante escritor católico-romano:

> A Igreja nos dá a sua Tradição como uma mãe que dá uma roupa de segunda mão ao filho, que já foi usada por muitas irmãs e irmãos mais velhos. Mas diferentemente de qualquer roupa terrena, esta roupa é indestrutível porque não é feita de lã ou algodão, mas de verdade. Foi inventada por Deus, não pelo homem. A Sagrada Tradição ("T" maiúsculo) deve ser diferenciada de todas as tradições humanas ("T" minúsculo). A Sagrada Tradição faz parte do "depósito da fé", que também inclui a Sagrada Escritura. Ela é constituída de dados da Igreja, outorgados a ela por seu Senhor.[2]

---

2 Peter Kreeft, *Catholic Christianity: A Complete Catechism of Catholic Church Beliefs Based on the Catechism of the Catholic Church* (São Francisco: Ignatius Press, 2001),18.

A segunda declaração é de Gary Dorrien, o maior especialista em teologia liberal americana, e ele próprio um protestante liberal:

> A ideia essencial da teologia liberal é que todas as alegações de verdade, tanto na teologia como em outras disciplinas, devem ser feitas com base na razão e experiência, e não por apelo à autoridade externa. A escritura cristã pode ser reconhecida como espiritualmente autoritativa dentro da experiência cristã, mas a sua palavra não fixa ou estabelece alegações da verdade sobre fatos.[3]

E, finalmente, aqui está uma terceira declaração de Michael Horton, um teólogo reformado cuja posição aqui representa a do evangelicalismo mais amplo.

> A autoridade final sempre reside fora de nós mesmos e, até mesmo, fora da igreja, já que ambos são sempre *ouvintes* da Palavra e *receptores* de seu juízo e justificação. A igreja é comissionada a entregar essa Palavra (um ofício ministerial), não a possuí-la ou governá-la (um ofício magisterial). Assim, a autoridade é sempre transcendente. Mesmo quando ela chega perto de nós, nunca é a nossa própria palavra que ouvimos (Rm 10.6-13, 17).[4]

---

[3] Gary Dorrien, *The Making of American Liberal Theology: Idealism, Realism, and Modernity, 1900-1950* (Louisville: Westminster John Knox Press, 2003), 1.

[4] Michael Horton, *The Christian Faith: A Systematic Theology for Pilgrims on the Way* (Grand Rapids: Zondervan, 2011), 194.

As diferenças entre essas declarações são impressionantes. Para Kreeft, a Tradição da Igreja é uma autoridade final em pé de igualdade com as Escrituras. Para Dorrien, a Escritura deve alinhar-se à razão e experiência. Mas para Horton, a Palavra de Deus está fora do eu e acima da igreja. Qualquer que seja a outra coisa sobre a qual possamos discordar como católicos, liberais e evangélicos, devemos pelo menos concordar que é a nossa visão da Escritura e da autoridade que nos divide.

Toda religião repousa sobre autoridade. Na verdade, toda disciplina acadêmica e todas as esferas da investigação humana repousam sobre autoridade. Quer percebamos ou não, todos nós damos a algo ou alguém a última palavra – nossos pais, nossa cultura, nossa comunidade, nossos sentimentos, o governo, revistas especializadas, pesquisas de opinião, nossas impressões, ou um livro sagrado. Todos nós temos alguém ou algo para o qual nos voltamos como o árbitro final das alegações de verdade. Para os cristãos, essa autoridade é a Escritura do Antigo e Novo Testamentos. Claro, podemos entender erradamente e fazer mau uso da palavra de Deus. Mas, quando interpretada corretamente – prestando atenção ao contexto original, considerando o gênero literário, analisando a intenção autoral –, a Bíblia nunca está errada no que afirma e nunca deve ser marginalizada como nada menos do que a última palavra sobre tudo o que ensina.

Dois livros, uma autoridade final

Deus se revela a nós de duas maneiras: por meio do universo que podemos ver e por meio da Escritura que podemos ouvir e ler. A revelação geral é a autorrevelação de Deus por meio do mundo criado. A revelação especial é a autorrevelação de Deus por meio das palavras faladas e escritas por mensageiros divinamente inspirados. Ambos os meios de revelação são importantes, e ambos são ensinados nas Escrituras.

Tem sido frequentemente apontado que, porque a revelação em ambos os "Dois Livros" é de Deus, os dois ensinam a mesma verdade. "Toda verdade é verdade de Deus", como diz o ditado. No fim das contas, não pode haver conflito entre o que Deus revela nas Escrituras e o que ele revela na natureza. Se todos os fatos pudessem ser conhecidos perfeitamente veríamos que a Bíblia e a ciência não se contradizem. Os cristãos não têm nada a temer da investigação científica rigorosa.

E, no entanto, se a Bíblia é a nossa autoridade final – como certamente era para os bereanos –, devemos ser hesitantes em riscar a Bíblia quando ela parece contradizer os "resultados assegurados da ciência". Eu simpatizo com os cristãos que lutam para conciliar o que eles ouvem de cientistas e o que veem na Bíblia sobre uma questão particular. Não devemos ser rápidos para julgar essas questões. É possível ler a Bíblia de forma errada. É possível que a Igreja erre o alvo por muito tempo. Mas todos os cristãos devem concordar que, se a Bíblia ensina uma coisa, e o consenso científico ensina outra coisa, não abandonaremos a Bíblia. Os dois livros não estão separados, mas são desiguais.

A Confissão Belga fornece uma definição padrão de revelação geral e especial.

Nós O conhecemos por dois meios.

Primeiro: pela criação, manutenção e governo do mundo inteiro, visto que o mundo, perante nossos olhos, é como um livro formoso, em que todas as criaturas, grandes e pequenas, servem de letras que nos fazem contemplar "os atributos invisíveis de Deus", isto é, "o seu eterno poder e a sua divindade", como diz o apóstolo Paulo em Romanos 1.20. Todos estes atributos são suficientes para convencer os homens e torná-los indesculpáveis.

Segundo: Deus se fez conhecer, ainda mais clara e plenamente, por sua sagrada e divina Palavra, isto é, tanto quanto nos é necessário nesta vida, para sua glória e para a salvação dos que Lhe pertencem. (Artigo 2)[5]

Note a diferença entre a revelação geral e especial. A primeira nos dá uma sensação do poder de Deus e da natureza divina, de modo que ficamos sem desculpa. Esta última revela Deus "ainda mais clara e plenamente", para que possamos ser salvos. A doutrina da revelação geral e especial nunca foi concebida para fazer a Bíblia ajustar-se artificialmente a qualquer outra disciplina acadêmica. Os céus proclamam a glória de Deus, mas a lei do Senhor é perfeita e o testemunho do Senhor é fiel (Salmo 19.1, 7). Jesus pode ilustrar com os lírios do campo (Mateus 6.28), mas "está escrito" que pode derrotar o diabo (4.1-11).

---

5 *Ecumenical Creeds and Reformed Confessions* (Grand Rapids: Faith Alive Christian Resources, 1987).

Não estou argumentando, nem por um momento, a favor do obscurantismo quando se trata de questões difíceis relativas à fé e ciência. Pastores que não tiveram uma aula de ciências desde o Ensino Médio são muitas vezes demasiadamente despreocupados com as difíceis questões levantadas pela geologia, biologia e genética. Mas, certamente, é marca de um cristão crer em tudo o que a Bíblia ensina, não importa quem diga que não possa ser assim. Revistas acadêmicas não são infalíveis, para não mencionar os livros didáticos do ensino médio ou 15 segundos de frases de efeito. Como cristãos devemos estar sempre dispostos a mudar nossas mentes quando percebemos que interpretamos mal as Escrituras, mas isso é muito diferente de deixar de lado as Escrituras só porque nos últimos cinco anos – ou cinquenta anos ou cento e cinquenta anos – alguns cientistas têm-nos informado que não podemos acreditar na historicidade de Adão ou que o universo foi criado a partir do nada, pela palavra de Deus. A revelação geral pode nos mostrar que existe um Deus e condenar aqueles que não o adoram corretamente. Mas a revelação especial fala com mais clareza, mais abertamente e com mais autoridade. Se a Escritura tem a última palavra, nunca deveríamos alterar nem um mínimo detalhe do Livro Sagrado porque o livro da natureza – por algum tempo e de acordo com algumas vozes – parece sugerir que deveríamos.

Crer, a fim de entender

Muitos cristãos atenciosos, que afirmam a inerrância e autoridade final das Escrituras, e que estudam a Bíblia por tempo suficiente e com diligência, eventualmente se depararão com problemas no texto bíblico que não concedem soluções simples. Há datas que são difíceis de conciliar e números que não parecem se encaixar. Há aparentes discrepâncias que não são facilmente harmonizadas e perguntas sem respostas fáceis. Essas podem parecer admissões estranhas em um capítulo sobre a autoridade das Escrituras, mas os cristãos não deveriam temer reconhecer os desafios existentes nessa questão. Se Pedro achou algumas coisas nas cartas de Paulo "difíceis de entender" (2 Pedro 3.16), estamos sujeitos a ficar perplexos uma vez ou outra.

Mas dado tudo o que já vimos sobre a doutrina bíblica da Escritura, não temos nenhum motivo para ficarmos intimidados por dificuldades e aparentes discrepâncias na Bíblia. Muitas delas são facilmente explicadas. A maioria do restante delas têm boas soluções plausíveis. E para os poucos casos extraordinários que sobraram, há explicações possíveis, mesmo que não tenhamos certeza se já encontramos a certa. A nossa confiança na Bíblia não é uma confiança irracional. As descobertas da história, arqueologia e crítica textual nos dão muitos motivos para confiar no Antigo e Novo Testamentos. Mas, mais do que toda a evidência apologética – e ela pode ser encontrada por qualquer um que se preocupe em ler os melhores livros por aí – temos o testemunho do próprio Deus. A Bíblia é o livro de Deus, fato do qual somos lembrados frequentemente no Livro. Consequentemente, confiar completamente na Bíblia é confiar no caráter e garantias de Deus mais do que confiamos na nossa própria capacidade de raciocinar e explicar.

Mais uma vez, J. I. Packer coloca isso perfeitamente. Este longo parágrafo vale a pena ser lido lentamente:

> Deus, então, não afirma responder nas Escrituras a todas as perguntas que nós, em nossa curiosidade sem limites, gostaríamos de perguntar sobre as Escrituras. Ele nos diz apenas o quanto vê que precisamos saber como base para a nossa vida de fé. E ele deixa sem solução alguns dos problemas levantados pelo o que ele nos diz, a fim de nos ensinar uma confiança humilde em sua veracidade. A questão, portanto, que temos que perguntar a nós mesmos quando confrontados com estes enigmas não é: É razoável imaginar que isto seja assim?, mas sim: É razoável aceitar a garantia de Deus de que isto seja assim? É razoável aceitar a palavra de Deus e crer que ele falou a verdade, mesmo que eu não possa compreender completamente o que ele disse? A pergunta traz consigo a sua própria resposta. Não devemos abandonar a fé em algo que Deus tenha nos ensinado simplesmente porque não podemos resolver todas as questões que o tema levanta. Nossa própria competência intelectual não é a prova e medida da verdade divina. Não é para nós deixarmos de crer porque nos falta o entendimento, mas crer, a fim de que possamos entender.[6]

---

[6] Packer, *"Fundamentalism" and the Word of God*, 109.

Será que os bereanos já tiveram dúvidas sobre as Escrituras que não eram capazes de responder? Talvez. Não há nenhuma maneira de saber com certeza. O que sabemos de fato é que eles foram elogiados pela virtude singular de dar à Escritura a última palavra. Eles testaram tudo à luz das Escrituras porque não se atreviam a aceitar o que a Escritura negava ou a deixar passar o que a Escritura afirmava. Eles se aproximaram de suas Bíblias com uma reverência apropriada para Deus. O que faz sentido, porque em última análise, nós nos comprometemos à autoridade da Palavra de Deus, porque o Deus, de quem a palavra é, nos informa que podemos e nos diz que devemos.

Capítulo Seis

A PALAVRA DE DEUS É NECESSÁRIA

Entretanto, expomos sabedoria entre os experimentados; não, porém, a sabedoria deste século, nem a dos poderosos desta época, que se reduzem a nada; mas falamos a sabedoria de Deus em mistério, outrora oculta, a qual Deus preordenou desde a eternidade para a nossa glória; sabedoria essa que nenhum dos poderosos deste século conheceu; porque, se a tivessem conhecido, jamais teriam crucificado o Senhor da glória; mas, como está escrito: Nem olhos viram, nem ouvidos ouviram, nem jamais penetrou em coração humano o que Deus tem preparado para aqueles que o amam. Mas Deus no-lo revelou pelo Espírito; porque o Espírito a todas as coisas perscruta, até mesmo as profundezas de Deus. Porque qual dos homens sabe as coisas do homem, senão o seu próprio espírito, que nele está? Assim, também as coisas de Deus, ninguém as conhece, senão o Espírito de Deus. Ora, nós não temos recebido o espírito do mundo, e sim o Espírito que vem de Deus, para que conheçamos o que por Deus nos foi dado gratuitamente. Disto também falamos, não em palavras ensinadas pela sabedoria humana, mas ensinadas pelo Espírito, conferindo coisas espirituais com espirituais. (*1 Coríntios 2.6-13*)

Lá no fundo, a maioria de nós quer as mesmas coisas da vida. É claro que estou falando sobre coisas finais, não as coisas imediatas. No nível imediato, as pessoas têm uma grande variedade de desejos. Algumas pessoas gostam de viajar. Algumas gostam de jantares finos. Umas preferem água encanada e uma cama confortável. E outras gostam de acampar. Há um milhão de gostos, interesses e *hobbies* diferentes. Mas, se formos até o nível do coração, acho que as pessoas ao redor do mundo querem muito das mesmas coisas. Queremos propósito. Queremos ser felizes. Queremos saber que estamos bem. Queremos ser parte de algo maior do que nós mesmos. Queremos ser conhecidos por alguém maior do que nós mesmos. Queremos viver para sempre.

E se você cavar em torno desses desejos, verá que a maioria das pessoas está à espera de alguma palavra vinda de algum lugar para que possam, finalmente, conhecer essa vida boa. Elas querem uma lei ou uma lista que lhes diga os passos a dar para chegar lá. Elas querem que seu professor diga "você passou", ou seus pais digam "eu amo você". Elas querem receber um telefonema do emprego dos seus sonhos, ou da mulher/homem dos seus sonhos. Elas querem ouvir boas notícias sobre seu fundo de aposentadoria, ou sua saúde, ou seus filhos.

Muitas delas estão escutando atentamente para ouvir a voz mais sagrada que conhecem: a sua própria. E algumas estão desesperadas por ouvir a voz de Deus.

A doutrina da necessidade das Escrituras nos lembra da nossa difícil situação – Aquele que mais precisamos conhecer não pode ser descoberto por nós mesmos – e assegura-nos de uma solução: que este mesmo ser inefável fez-se conhecer por meio de sua palavra. "Ainda que a luz da natureza", explica a Confissão de Fé de Westminster, "e as obras da criação e da providência de tal modo manifestem a bondade, a sabedoria e o poder de Deus, que os homens ficam inescusáveis, contudo não são suficientes para dar aquele conhecimento de Deus e da sua vontade, necessário para a salvação". A Sagrada Escritura, a Confissão continua dizendo, é, portanto, "indispensável" (1.1). As Escrituras são os nossos óculos (para usar a frase de Calvino), as lentes através das quais vemos Deus, o mundo e nós mesmos da forma correta. Não podemos realmente conhecer Deus, sua vontade ou o caminho da salvação à parte da Bíblia.

Precisamos da Escritura para viver a verdadeira vida boa. Precisamos da Escritura para viver para sempre. "Senhor, para quem iremos? Tu tens as palavras da vida eterna" (João 6.68). Não há outro livro como a Bíblia. Ela revela um tipo diferente de sabedoria, vem de uma fonte diferente e conta sobre um amor diferente.

Uma sabedoria diferente

A sabedoria é um dos principais temas nos capítulos iniciais de 1 Coríntios. Ao escrever em meio à cultura grega que enaltecia filósofos eloquentes e oradores sofisticados como as celebridades de sua época, Paulo se esforça para diferenciar o evangelho desse tipo de sabedoria. Se você está à procura de sabedoria em um discurso sofisticado e numa retórica poderosa, Paulo diz, você não a encontrará na pregação da cruz (1.18-25). Você não a encontrará em meus sermões (2.1-5). E você não a encontrará em muitos de vocês (1.26-31).

O evangelho é a sabedoria para os experimentados (2.6), mas não tem nada a ver com a "sabedoria" que este mundo anseia por ver. A sabedoria de Deus não é deste século (v. 6a). Ela não pertence a este reino terrestre ou a este momento "ainda não" na história da redenção. A sabedoria de Deus não é dos *príncipes* deste mundo (v. 6b). Não tem nada em comum com conspiradores influentes ou as astutas ciladas do maligno (cf. 2 Coríntios 4.4; 10.4-6). A sabedoria de Deus é única. Não é imediatamente óbvia para todos ou universalmente apreciada por todos (1 Coríntios 2.7).

Podemos ficar muito frustrados quando as pessoas não veem o que vemos, quando bons argumentos das Escrituras não parecem ganhar a discussão. Mas não deveríamos ficar surpresos. A sabedoria de Deus é uma sabedoria em mistério, outrora oculta. Isso não significa que temos de atravessar o mar ou subir até o céu para encontrar a sabedoria de Deus. Significa que Deus deve falar a nós para que sejamos verdadeiramente sábios. Toda verdade pode ser a verdade de Deus, mas toda verdade salvadora é a verdade revelada.

A palavra do mundo não é como a palavra de Deus. Uma delas é nova e de agora. A outra é antiga e eterna. Uma delas é fugaz ("que se reduz a nada"), enquanto a outra é constante e firme ("preordenada desde a eternidade"). Se quisermos a "sabedoria" de modas que passam, cérebros impressionantes e homens talentosos, então olhemos para o mundo. Mas, se quisermos – e *precisarmos* – uma sabedoria que está além de nós, fora de nós, e que nunca nos faltará, temos de olhar para as coisas que Deus nos revelou pelo seu Espírito (v. 10).

Uma fonte diferente

Então, aonde iremos para aprender as coisas que Deus revelou? Será que iremos às árvores? E que tal à luz interior? E que tal aos padrões da comunidade? Talvez à razão e experiência humana? O testemunho claro de 1 Coríntios é que só Deus pode nos falar a respeito de Deus. Assim como o espírito de uma pessoa revela o pensamento, sentimentos e intenções dessa pessoa, da mesma forma, ninguém pode tornar os pensamentos de Deus conhecidos, senão o Espírito de Deus (v. 11). O único Ser suficientemente conhecedor, suficientemente sábio e habilidoso para revelar Deus a você é o próprio Deus.

O que levanta uma questão interessante: será que Paulo não está realmente falando sobre a obra interior do Espírito e não da necessidade das Escrituras? Você pode estar pensando: "Eu concordo plenamente. Nós precisamos de Deus para nos falar a respeito de Deus. Eu não posso conhecer a verdade, a menos que Deus a revele a mim. E Deus fala a mim por meio da voz mansa e suave em meu coração. Quando olho profundamente para dentro de mim, é aí então que ouço a Deus. Recebemos o Espírito de Deus, que fala aos nossos espíritos, dizendo-nos as coisas que podemos aprender somente de Deus".

Parece plausível, mas será que esse é o ponto de Paulo? O "nós" no versículo 12 (i.e., nós recebemos o Espírito de Deus) não se refere a todos os coríntios ou a todos nós, mas a Paulo e seus companheiros. O contraste começa nos versículos 1-5 com o "eu" de Paulo e, em seguida, passa para o "nós" que transmitiu aos Coríntios: "a sabedoria de Deus em mistério, outrora oculta" (v. 7). Paulo está claramente pensando em "vós, os coríntios" e "nós, que ministramos o evangelho a vós" (3.9). Assim, embora seja verdade que todo crente receba o Espírito, e cada um de nós precise do Espírito de Deus para iluminar a Palavra de Deus, Paulo está falando do exclusivo depósito apostólico da verdade que ele recebeu e passou adiante para os coríntios. Isso é precisamente o que Jesus prometeu que aconteceria (João 16.12-15) e como os apóstolos entendiam a instrução deles, não como palavra de homem, mas como a palavra de Deus (1 Tessalonicenses 2.13; cf. Apocalipse 1. 1-2). Nada em 1 Coríntios 2 sugere que a verdadeira maneira de ouvir a Deus é buscando as ruminações desconcertantes do eu. Já em Corinto – a congregação mais "carismática" de Paulo – vemos que há um padrão objetivo da verdade que substitui impressões ou experiências particulares (1 Coríntios 14.37-38; 15.1-4).

É verdade que, por um tempo, a igreja primitiva existiu sem o Novo Testamento completo. Mas, mesmo nessa época, a sua vida e doutrina estavam em submissão às Escrituras que já possuíam. E a nova revelação sendo colocada lado a lado com o Antigo Testamento havia sido cuidadosamente examinada como vinda do grupo apostólico (Efésios 2.20) e aderente ao evangelho apostólico (Gálatas 1.8). "Naturalmente, enquanto os apóstolos estavam vivos e visitavam as igrejas", Bavinck escreve, "não foi feita nenhuma distinção entre as suas palavras faladas e escritas. Tradição e Escritura ainda eram unificadas. Mas quando o primeiro período passou, e aumentava a distância-tempo dos apóstolos, seus escritos tornaram-se mais importantes, e a necessidade dos escritos se intensificou gradualmente. A necessidade da Sagrada Escritura, de fato, não é um atributo fixo, mas crescente". Paulo sabia que os coríntios precisavam da sabedoria de Deus, que só poderia vir a partir do Espírito de Deus, e ele lhes escreveu esta palavra com o entendimento de que ele havia recebido exclusivamente o Espírito por meio do qual ele poderia anunciar a verdade do evangelho a eles.

As pessoas falam sobre "espiritualidade" como se ela fosse gerada pela atenção concentrada no funcionamento interno da alma humana. Mas a verdadeira espiritualidade não é algo em nós. É algo fora de nós, criada pela agência do Santo Espírito transcendente de Deus. Precisamos do Espírito que provém de Deus se quisermos compreender as coisas de Deus (1 Coríntios. 2.12). E aonde iremos para ouvir o Espírito de

Deus? Àqueles que foram confiados a ser o porta-voz do Espírito (3.7), àqueles que escreveram os próprios oráculos de Deus (Romanos 3.2; 5.12), àqueles que escreveram o que o próprio Deus expirou (2 Timóteo 3.16). Portanto, esta é a necessidade das Escrituras em poucas palavras: *Precisamos da revelação de Deus para conhecer a Deus, e a única revelação segura, salvadora, final e perfeita de Deus é encontrada nas Escrituras.*

Um amor diferente

Pode parecer que não há nada mais para se dizer a respeito da necessidade da Escritura, mas isso seria não ver o cerne do argumento de Paulo. A razão da revelação é para que possamos conhecer a misericórdia de Deus e ser salvos. A singularidade das Escrituras é encontrada não apenas em sua sabedoria, ou mesmo em sua origem divina. O que torna a Bíblia completamente diferente de qualquer outro livro – seja religioso ou não – é a graça incomparável que encontramos em suas páginas. Precisamos da Escritura porque sem ela não podemos conhecer o amor de Deus.

Nosso Deus fala, e ele não fala simplesmente para ser ouvido ou apenas para repassar informações. Ele fala para que possamos começar a conhecer o desconhecido e sondar o insondável (1 Coríntios 2.9; cf. Isaías 48.8). Você pode pensar que já viu de tudo, já ouviu de tudo, e que já experimentou tudo que se há para experimentar. Mas você ainda não viu, ou ouviu, ou imaginou o que o Deus de amor preparou para aqueles que o amam. Essa é a boa-nova da cruz. Essa é a boa-nova para os perdoados e redimidos. E essa é a boa-nova que você não encontrará em nenhum outro lugar, exceto na palavra de Deus.

Somente por meio do Espírito trabalhando pela palavra podemos nos tornar realmente espirituais. Quando ouvimos a palavra "espiritual", podemos pensar em alguém tranquilo e contemplativo, ou expansivo na adoração, ou espontâneo, ou cheio da linguagem de Deus, ou especialmente afeiçoado à música de louvor. Esses são o que Jonathan Edwards chamaria de "não-sinais". Eles não provam nada de jeito nenhum. Essas podem ser características boas, mas, por si só, elas certamente não o tornam espiritual, não de acordo com a definição da Bíblia. O homem espiritual entende as verdades espirituais (v. 13), ao passo que o homem natural (não-espiritual) não aceita as coisas do Espírito de Deus porque elas lhes são loucura. E quais são as coisas do Espírito que o não-espiritual não consegue entender? Dado o contexto, Paulo está claramente se referindo à crucificação do Senhor da glória (v. 8). O homem espiritual é aquele que aceita a mensagem da cruz (1.18-24). Não importa o quanto você goste de anjos, ou o quanto você reze, ou quão ansioso você esteja para servir como um médium, ou o quanto você goste de yoga, ou o quanto você acredite em milagres, se você não entende, valoriza e abraça a cruz, você não é uma pessoa espiritual. A pessoa espiritual discerne as coisas espirituais, começando com o sacrifício substitutivo de Cristo pelos pecados do mundo. Somente abraçando esta boa-nova é que podemos ser sábios. Somente por meio desta boa-nova podemos ser perdoados. Somente ouvindo o Espírito falar por meio das Escrituras podemos conhecer o amor de Deus e ser verdadeiramente espirituais.

Um quarteto fantástico

Vale a pena reservar um momento ao final deste capítulo para considerar a diferença que esses quatro atributos da Escritura fazem na vida cotidiana e piedade. Conselheiros podem aconselhar de forma significativa porque a Escritura é suficiente. Líderes de estudo da Bíblia podem liderar com confiança porque a Escritura é clara. Pregadores podem pregar com ousadia porque seu texto bíblico é autoritativo. E evangelistas podem evangelizar com urgência porque a Escritura é necessária.

Essas doutrinas são eminentemente práticas. Se a Bíblia é tudo isso que vimos, então por que não lê-la, estudá-la, memorizá-la e ensiná-la aos outros? Por que construímos nossas igrejas no solo raso da filosofia pragmática? Por que aconselhamos com as sobras da sabedoria do mundo? Por que olhamos primeiro para a beleza das montanhas ou para dentro de nós mesmos em nossos momentos de profunda dor e crise? Por que infundimos nossos cultos de adoração com tão pouco das Escrituras? Por que cantamos canções desprovidas de substância bíblica? Por que prostramos a palavra de Deus mesmo ao som das palavras mais inteligentes dos homens?

A palavra de Deus é final. A palavra de Deus é compreensível. A palavra de Deus é necessária. A palavra de Deus é suficiente. Em qualquer época os cristãos lutarão onde quer que esses atributos das Escrituras sejam ameaçados e atacados. Mas, ainda mais importante, a cada *dia*, teremos que lutar a batalha da fé para realmente crer em tudo o que sabemos que a Bíblia diz sobre si mesma; e, ainda mais desafiador, para viver em conformidade a ela.

Capítulo Sete

A BÍBLIA INFALÍVEL DE CRISTO

Se ele chamou deuses àqueles a quem foi dirigida a palavra de Deus, e a Escritura não pode falhar, então, daquele a quem o Pai santificou e enviou ao mundo, dizeis: Tu blasfemas; porque declarei: sou Filho de Deus? (João 10.35-36)

No cerne deste capítulo está uma pergunta. É uma pergunta simples e uma questão crucial, uma que deve inegavelmente moldar e definir a agenda da nossa doutrina da Escritura. A questão é esta: o que Jesus cria a respeito da Bíblia?

Se você for cristão, por definição você deve crer no que Jesus ensina. Ele é o Filho de Deus. Ele é o nosso Salvador e Senhor. Devemos seguir o seu exemplo, obedecer aos seus mandamentos, e abraçar qualquer compreensão das Escrituras que ele ensinou e assumiu. Certamente isso significa que somos sábios por crer acerca da Bíblia tudo o que Jesus cria a respeito das Escrituras.

E se você não for cristão, imagino que ainda valorize o que Jesus disse. Praticamente todos neste país, e a maioria das pessoas de outras religiões, consideram Jesus como um importante professor. No mínimo, ele era um homem nobre e um grande profeta. Então, se você estiver investigando o cristianismo ou tentando descobrir não só o que os cristãos creem, mas a base para tudo o que creem, este é um dos melhores lugares para se começar: descobrir o que Jesus cria a respeito da Bíblia.

Nós não podemos pensar em Jesus tendo uma Bíblia. E certamente ele não tinha uma Bíblia Almeida Revista e Atualizada em sua casa em algum lugar. Almeida sequer existia, e as pessoas não tinham livros. Mas elas tinham pergaminhos, geralmente não em suas casas, mas nas sinagogas. Estes pergaminhos sagrados estavam entre os bens mais preciosos de qualquer comunidade. O culto judaico focava na leitura e explicação desses escritos. Jesus, como todo judeu do primeiro século, estava muito familiarizado com as Escrituras Hebraicas, o que nós chamamos de Antigo Testamento.

E assim, mais uma vez, a pergunta que quero fazer é qual a doutrina de Jesus acerca da Escritura? Neste capítulo, não estou perguntando como Jesus *interpretou* a Bíblia, ou *cumpriu* a Bíblia, ou o que ele ensinou *a partir* da Bíblia. Estou abordando apenas a questão simples e absolutamente crucial: o que Jesus cria a respeito da Bíblia? A menos que ousemos dizer que Jesus estava enganado ou era covarde demais para comunicar tudo o que ele queria dizer sobre as Escrituras, temos que concluir que o que quer que seja que o perfeito Filho de Deus cresse sobre os escritos sagrados, devemos crer no mesmo. Não deve haver nada controverso em afirmar que a doutrina da Escritura de Cristo deve ser a nossa doutrina da Escritura.

E qual era a sua doutrina das Escrituras? Vamos começar no Evangelho de João e, em seguida, olhar para diversas passagens em Mateus para descobrir.

Desatado e infalível

A resposta de Jesus em João 10.35-36 é uma das coisas mais importantes que ele falou. E também uma das mais confusas. Entender o contexto ajudará.

Os judeus queriam apedrejar Jesus (v.31), porque ele, sendo homem, ousou fazer-se igual a Deus (v. 33). Em resposta a esta acusação, Jesus cita o Salmo 82. Ele apela à Escritura ("lei" neste caso é intercambiável com "Escritura") para se defender contra a acusação de blasfêmia. Os judeus ficaram irados porque ele se referiu a si mesmo como o "Filho de Deus", então Jesus lhes lembra que, em suas Escrituras, a palavra "deuses" (*elohim*) foi usada em referência a reis ímpios (ou juízes, ou magistrados, ou alguma autoridade de governo). O uso de "deuses" no Salmo 82.6 parece preocupante para nós, mas o salmista, que está falando em nome de Deus neste momento, está provavelmente usando um pouco de sarcasmo: "Olha, eu sei que vocês são tão importantes que são como deuses entre os homens, mas vocês morrerão como todos os outros homens". Jesus não está tentando provar a sua divindade a partir dessa curiosa referência no Salmo 82. Ele está tentando destruir as pretensões deles: "Vocês estão tão presos à palavra 'Deus', mas aqui nas Escrituras esses homens foram chamados de 'deuses'. Vocês terão que fazer melhor do que isso para me processar apenas por um título".

A parte importante do argumento de Jesus (para nossa consideração) é o seu comentário improvisado de que "a Escritura não pode falhar" (João 10.35). Aqui está Jesus defendendo a si mesmo, e ele não está fazendo o seu argumento a partir da Torá ou de uma das passagens mais imponentes em Isaías. Ele está construindo seu caso a partir de uma única palavra em um salmo obscuro. E, no entanto, ele não tem que provar a ninguém que o Salmo 82 é autoritativo. Jesus não tenta convencer seus adversários de que "a Escritura não pode falhar". Ele simplesmente afirma essa verdade como um ponto pacífico com o qual todos podem concordar. Até mesmo palavras individuais e passagens menos anunciadas, tudo nas Escrituras possuía autoridade inquestionável para Jesus. "Segundo seu julgamento infalível", Robert Watts certa vez comentou a respeito de Jesus, "era prova suficiente da infalibilidade de qualquer sentença ou frase de uma oração, mostrar que ela se tratava de uma parte daquilo que os judeus chamavam 'a Escritura'".[1]

A palavra para "falhar" (*luo*) significa afrouxar, liberar, dispersar ou dissolver. Em João 10.35, *luo* carrega o sentido de quebrar, anular ou invalidar. É a maneira de Jesus afirmar que nenhuma palavra da Escritura pode ser falseada. Nenhuma

---

1 Citado em Warfield, *Inspiration and Authority*, 184, nr. 25.

promessa ou ameaça pode deixar de ser cumprida. Nenhuma declaração pode ser considerada culpada de erro. Pois Jesus – assim como seu público judeu – acreditava que a Escritura era a palavra de Deus, e, como tal, seria impiedade grave pensar que qualquer palavra dita por Deus, ou consignada em escrito por Deus, possa ser uma palavra tortuosa, uma palavra errada, ou uma palavra falível.

Nem um I ou um Til

A segunda passagem que observaremos para obter uma imagem da doutrina da Escritura de Jesus vem de Mateus 5.17-19.

> Não penseis que vim revogar a Lei ou os Profetas; não vim para revogar, vim para cumprir. Porque em verdade vos digo: até que o céu e a terra passem, nem um i ou um til jamais passará da Lei, até que tudo se cumpra. Aquele, pois, que violar um destes mandamentos, posto que dos menores, e assim ensinar aos homens, será considerado mínimo no reino dos céus; aquele, porém, que os observar e ensinar, esse será considerado grande no reino dos céus.

A mesma palavra usada em João 10.35 (*luo*) é traduzida como "violar" em Mateus 5.19. O ponto é basicamente o mesmo. Jesus repreende qualquer um que anule ou enfraqueça até mesmo os "menores" mandamentos de Deus. Jesus usa vários termos para indistintamente – "Lei ou os Profetas", "da Lei", "destes mandamentos" – sugerir que ele não está pensando somente em imperativos mosaicos, mas em toda a palavra de Deus. E dada a sua referência a "um i" (*iota*, no original, a menor letra do alfabeto grego) e "um til" (pequenas marcas ou sinais gráficos que distinguem letras hebraicas semelhantes), podemos ter certeza de que Jesus estava pensando, em particular, na palavra *escrita* de Deus. Nem a menor marca das Escrituras será abolida pela vinda de Cristo. Cumprida, sim, e mais plenamente entendida à luz desta vinda, mas jamais falhada, afrouxada ou violada. Aquele que trata a Escritura dessa maneira merece ser o menor no reino dos céus. Teríamos muita dificuldade em encontrar uma confiança mais abrangente nas Escrituras do que Jesus expressa nesta passagem.

Mas, talvez alguém indague, Jesus, por vezes, não argumenta que o Antigo Testamento estava errado? Ele não corrige de fato as Escrituras em algumas ocasiões? Pode parecer que sim, mas analisando mais de perto, vemos que Cristo nunca corrige um versículo da Escritura quando corretamente interpretado e aplicado. Por exemplo, é feita a alegação de que Jesus violou as exigências do sábado, quebrando, assim, o seu próprio princípio e torcendo a Escritura para ser menos rígida. Mas, na verdade, Jesus *recorreu* à Escritura – à história de Davi e seus homens comendo o pão da proposição – para mostrar que os fariseus estavam impondo normas que violavam o ensino das Escrituras (Marcos 3.23-28).

Também é dito que Jesus aboliu a lei, declarando limpos todos os alimentos (Marcos 7.19). Mas este é um exemplo perfeito do que Jesus quis dizer com vir para cumprir a lei. Jesus nunca questiona a origem divina dos rituais de limpeza ou a veracidade do que ele ordenou. Ele, no entanto, ensina que, para uma compreensão mais profunda do mandamento, eles deveriam vir a Cristo em obediência para encontrar a limpeza e pureza que precisam (vv. 18-23).

Da mesma forma, alguns cristãos afirmam que Jesus não concordou com a permissão mosaica para o divórcio e considerou que as Escrituras estivessem enganadas quanto a este ponto crucial. Mas, na realidade, Jesus não rejeitou a ordem de Moisés; ele forneceu uma interpretação melhor dela. Considerando que os judeus mais liberais estavam tomando a permissão mosaica como uma carta branca para o divórcio por quase qualquer pretexto, Jesus os trouxe de volta ao verdadeiro significado do texto. O divórcio era aceitável como uma concessão nas situações em que a imoralidade sexual tivesse ocorrido (Mateus 19.3-9).

O exemplo mais difícil é o comentário de Jesus em Mateus 5.38 acerca da legislação do olho por olho no pacto mosaico. Com o restante das declarações "ouvistes que foi dito" em Mateus 5, Jesus faz referência a partes da tradição farisaica ou escriba. Mas aqui ele cita a partir do próprio Antigo Testamento. E, no entanto, mais uma vez, vemos que Jesus não está corrigindo a própria Escritura, mas o mau uso dela. A chamada *lex talionis* (lei de talião) é mencionada várias vezes na Torá (Êxodo 21.24; Levítico 24.20; Deuteronômio 19.21). A lei, como uma administração da justiça pública, foi feita para punir os malfeitores *e* proteger a comunidade. Tendemos a ver a lei como crueldade institucionalizada e vingança. Mas ela foi realmente feita para proibir tais respostas viciosas ao comportamento criminal. O princípio "olho por olho" proibiu penas desproporcionais. Ele não permitia justiça vigilante ou vingança pessoal, ainda que fosse como muitos nos dias de Jesus entendessem o mandamento. Os líderes judeus estavam aplicando erroneamente um código de lei público e transformando-o em seu direito pessoal de retaliação. Jesus estava certo – e sendo fiel à passagem bíblica – ao corrigir esse desvio do texto.

Durante todo o Sermão da Montanha e, especialmente no capítulo 5, Jesus tenta inculcar no seu público o verdadeiro significado da Escritura. Ele não quer corrigir a Escritura. Ele quer fazer com que todo o seu peso seja relevante para o coração humano. Ele não quer que a palavra de Deus seja contornada por tradição humana ou discussões capciosas. Em vez disso, cada partícula da Escritura deve ser aplicada para marcar o discipulado cristão. "Para Jesus", escreve Donald MacLeod, "a lealdade i-e-til à Escritura não é legalista nem evasiva... O cumprimento i-e-til da lei significa evitar a ira, bem como homicídio; luxúria, bem como a fornicação; juramento, bem como o perjúrio. Isso significa dar a outra face, caminhar mais um passo, e não tocar trombetas quando fazemos doações para a caridade".[2] Jesus quer mais da Escritura em nossas vidas, e não menos.

---

[2] Donald Macleod, "Jesus and Scripture" em *The Trustworthiness of God: Perspectives on the Nature of Scripture*, ed. *Paul Helm and Carl Trueman* (Grand Rapids: Eerdmans, 2002), 73.

Esse é exatamente o ponto que Jesus reitera em Mateus 23.23, onde exorta as pessoas a manterem as questões mais importantes da lei – justiça, misericórdia e fidelidade – sem descuidar da responsabilidade que têm de dar o dízimo da sua hortelã, do endro e do cominho. Claramente Jesus não quer que mantenhamos os pequenos mandamentos das Escrituras e percamos de vista as grandes coisas, mas nem ele nos permite ignorar as menores partes, contanto que entendamos corretamente a ideia maior. Ele espera obediência ao espírito da lei e à letra. Nosso Messias vê a si mesmo como um expositor da Escritura, mas nunca um corretor dela. Ele a cumpre, mas nunca a falseia. Ele afasta interpretações erradas da Escritura, mas insiste que não há nada de errado com ela, até mesmo no cruzamento de um t e no pingo de um i.

História histórica

Nosso terceiro texto sobre a visão de Jesus da Bíblia é Mateus 12.38-42.

> Então, alguns escribas e fariseus replicaram: Mestre, queremos ver de tua parte algum sinal. Ele, porém, respondeu: Uma geração má e adúltera pede um sinal; mas nenhum sinal lhe será dado, senão o do profeta Jonas. Porque assim como esteve Jonas três dias e três noites no ventre do grande peixe, assim o Filho do Homem estará três dias e três noites no coração da terra. Ninivitas se levantarão, no Juízo, com esta

geração e a condenarão; porque se arrependeram com a pregação de Jonas. E eis aqui está quem é maior do que Jonas. A rainha do Sul se levantará, no Juízo, com esta geração e a condenará; porque veio dos confins da terra para ouvir a sabedoria de Salomão. E eis aqui está quem é maior do que Salomão.

Esta história é apenas um exemplo de como Jesus sempre trata a história bíblica como um registro direto dos fatos. Se alguma referência do Antigo Testamento pode ser contestada, é esta sobre Jonas. E, no entanto, Jesus fala com confiança sobre Jonas tendo estado no ventre do grande peixe, como se ele e todos os seus ouvintes não tivessem reserva alguma sobre a exatidão histórica da história.

Para ter certeza, alguns estudiosos, mesmo aqueles com uma visão elevada da Escritura, questionam se devemos levar a história de Jonas ao pé da letra. Afinal de contas, a narrativa não é de um livro obviamente histórico como Reis, Crônicas ou Êxodo. Jesus poderia estar se referindo a Jonas como fazemos referência a uma peça bem conhecida da literatura. Talvez Jesus não quisesse dizer nada mais por "assim como esteve Jonas" do que nós diríamos com "assim como estiveram os homens de Gondor" ou "assim como estiveram Luke e Obi-Wan". Talvez Jonas seja uma fábula e nunca tenha sido a intenção de que nós a lêssemos como história.

Essa explicação parece plausível, exceto que ela não funciona, dado o restante do discurso de Jesus. Se Jonas for apenas uma referência literária, é curioso que, no mesmo fôlego, ele mencione a rainha de Sabá, claramente uma figura histórica conhecida. Sendo mais crítico, é difícil justificar a linguagem de Jesus sobre os homens de Nínive se levantando para julgar Cafarnaum no último dia, se a maioria ou a totalidade da história de Jonas não for para ser tomada literalmente. Seria como fazer essa alusão literária para os homens de Gondor e, em seguida, emitir um alerta muito sério para o seu público de que os orcs de Mordor se levantarão para o julgamento e os condenarão. Não faz muito sentido. Como T. T. Perowne colocou, comentando sobre o perigo muito real que Jesus considerou em que seus ouvintes estavam, "E ainda assim é de se supor que ele dissesse que pessoas imaginárias que, durante a pregação imaginária de um profeta imaginário, se arrependeram na imaginação, se levantarão naquele dia e condenarão a impenitência real dos seus ouvintes reais?"[3] Muito pelo contrário. Nos Evangelhos, vemos Jesus fazer referência a Abel, Noé, Abraão, Sodoma e Gomorra, Isaque e Jacó, ao maná no deserto, à serpente no deserto, a Moisés como legislador, a Davi e seu Salomão, à rainha de Sabá, Elias e Eliseu, à viúva de Sarepta, Naamã, Zacarias, e até mesmo a Jonas, nunca questionando um evento único, um único milagre, ou uma única afirmação histórica. Jesus claramente cria na historicidade da história bíblica.

Ao invés de encontrar meios de "resgatar" Jesus de sua confiança na história como a Escritura a apresenta, deve-

---

3 Citado em John Wenham, *Christ and the Bible, Third Edition* (Eugene, OR: Wipf e Stock, 2009), 20.

mos estar preparados para aceitar que, se Jesus está certo em como ele lida com a Bíblia, então toneladas de alta crítica bíblica devem estar erradas. Nos últimos 150 anos ou mais, muitos estudiosos modernos argumentaram que o Antigo Testamento está longe de ser o que parece. Os cinco primeiros livros da Bíblia não foram escritos por Moisés (e mais tarde editados em algumas partes), mas, em vez disso, são produto de uma combinação elaborada de diferentes fontes, algumas das quais são de mil anos após Moisés. Isaías não foi escrito por Isaías, mas por dois ou três "Isaías" diferentes cujas previsões proféticas notáveis ocorreram na verdade antes mesmo de se escrever sobre elas. Mais dramaticamente, se estudiosos liberais estão certos, a igreja interpretou mal a história de Israel por quase dois milênios. A história de Israel não se trata de séculos de luta para ser fiel ao único verdadeiro Deus e obedecer à sua lei. O que realmente aconteceu foi um desenvolvimento evolutivo pelo qual Israel passou do animismo ao politeísmo ao henoteísmo (adorando um Deus em particular, embora reconhecendo a existência de muitos) ao monoteísmo ao triunfo do legalismo sacerdotal. Livros que alegam datar do êxodo são mais tardios que Ezequiel. Primeiro Samuel, que se pensou ter sido escrito após a promulgação da lei, na verdade descreve a vida de Israel antes da lei. E o Pentateuco, em vez de ser a base para a vida e religião de Israel, foi formado somente após os dias de glória de Israel já terem há muito passado.[4]

---

4 Este parágrafo resume muitos dos argumentos de Donald Macleod, "Jesus and Scripture", 91.

Isso é uma parte essencial do que parece claro para tantos estudiosos modernos, mas não está nem remotamente ligado a nada que vemos de Jesus na maneira como ele lida com o Antigo Testamento. Jesus cria que Israel estava durante a sua longa história, sob a tutela de Jeová, que Moisés deu a eles um pacto nacional pelo qual viver, que o Pentateuco veio no início da história de Israel, e não no fim, e que os profetas repreenderam e corrigiram Israel por sua incapacidade de seguir os mandamentos de Deus dados no Sinai. E, no entanto, se a história revisionista de críticos modernos estiver correta, Jesus estava monumentalmente errado em crer em tudo isso. "Ele não detectou as vertentes do animismo no início da história de Israel", escreve Macleod. "Ele não percebeu que Levítico era uma traição do monoteísmo ético. Ele era cego às narrativas duplas que comprovam autoria composta. Ele estava totalmente inconsciente das contradições que demonstravam que Moisés não escreveu Deuteronômio". Jesus foi, em outras palavras, "levado por um mito nacional não mais plausível do que o de Rômulo e Remo".[5]

Não é mais plausível pensar que Jesus conhecia a história judaica melhor do que críticos alemães quase dois mil anos depois? Não é mais seguro tomar partido de Jesus e adotar seu ponto de vista extremamente elevado da inspiração e seu entendimento do senso comum da história e cronologia bíblica? Algumas vezes nos é dito que a autoridade final para nós, como cristãos, deve ser Cristo e não as Escrituras. Sugere-se

---

5 Ibid., 92.

que Cristo quer nos fazer aceitar apenas as partes das Escrituras que sejam condizentes com sua vida e ensinamentos, que não precisamos nos preocupar com certos aspectos da história bíblica, cronologia e cosmologia porque Cristo não quer que nos incomodemos por eles. A ideia apresentada por muitos cristãos liberais e não poucos autoproclamados evangélicos é que, se quisermos adorar a Cristo e não as Escrituras, devemos permitir que Cristo destaque-se à parte da Escritura e acima dela. "Mas quem é este Cristo, o Juiz da Escritura?" Packer pergunta. "Não é o Cristo do Novo Testamento e da história. Esse Cristo não julga a Escritura; ele a obedece e a cumpre. Por palavra e ação, ele apoia a autoridade de toda ela".[6]

Aqueles com uma visão elevada das Escrituras podem ser acusados de idolatria por reverenciar tão profundamente a palavra de Deus. Mas a acusação é colocada sobre as cabeças erradas. "Um Cristo que permite que seus seguidores coloquem-no como o Juiz da Escritura, um Cristo por quem a sua autoridade precisa ser confirmada antes que possa se tornar autoritativa e, por cuja sentença adversa, é em alguns lugares anulada, é um Cristo da imaginação humana, feito à imagem do próprio teólogo, Aquele cuja atitude em relação às Escrituras é o oposto da atitude do Cristo da história. Se a construção de tal Cristo não for uma violação do segundo mandamento, é difícil saber o que é".[7] Jesus pode ter-se visto como o ponto focal das Escrituras, mas nunca como um juiz.

---

6 Packer, *"Fundamentalism" and the Word of God*, 61.
7 Ibid., 61-62.

O único Jesus que está acima das Escrituras é o Jesus de nossa própria invenção.

O Criador disse

Nossa passagem final para a compreensão da doutrina de Jesus da Escritura é encontrada em Mateus 19. Ao dar sua resposta à pergunta dos fariseus sobre o divórcio, Jesus remonta a Gênesis.

> Não tendes lido que o Criador, desde o princípio, os fez homem e mulher e que disse: Por esta causa deixará o homem pai e mãe e se unirá a sua mulher, tornando-se os dois uma só carne? (Mateus 19.4-5)

Estes versos são tão familiares que muitos de nós não percebemos a declaração surpreendente que Jesus faz aqui sobre a autoria das Escrituras. Se você for a Gênesis 2.24, encontrará o verso que Jesus cita sobre um homem deixar seu pai e mãe, unir-se à sua mulher e tornar-se uma só carne. O versículo em Gênesis não tem nenhum autor em particular. É apenas uma parte da narração do texto. Mas, agora, olhe para o que Jesus diz. Gênesis 2.24 não é apenas um verso da Escritura, é uma declaração dita pelo "Criador, desde o princípio". Esta implicação não poderia ser mais clara: para Jesus, o que as Escrituras dizem, Deus diz. Essa é a essência da doutrina de Jesus da Escritura e a base para qualquer entendimento correto da Bíblia.

E não adianta argumentar que Jesus estivesse simplesmente emprestando os pressupostos de seu público para ganhar a audiência. Em muitas outras áreas – em tudo desde concepções nacionalistas deles de um Messias às tradições dos fariseus ao tratamento deles aos gentios e mulheres às duras palavras dele – Jesus mostrou-se totalmente despreocupado em conformar-se à sensibilidade de seus ouvintes. Embora ele não tenha sido tímido em corrigir suas interpretações errôneas e abordagens hermenêuticas da Escritura, não há indicação nenhuma de que Jesus alguma vez tenha pensado que seus companheiros judeus tivessem uma visão muito elevada das Escrituras. E se eles estivessem errados sobre uma questão tão essencial, ele não teria sido uma "Maria vai com as outras". Ele teria corrigido as suas crenças sobre a Bíblia assim como ele os castigou por outras "doutrinas de homens".

Jesus não tem nenhum problema em fazer referência aos autores humanos das Escrituras como Moisés, Isaías, Davi e Daniel. Mas eles ficam no segundo plano. Eles são os sub-autores, trabalhando abaixo do autor principal da Escritura, a saber, o próprio Deus. Assim, Jesus pode citar a partir do Salmo 110, dizendo: "O próprio Davi falou, pelo Espírito Santo" (Marcos 12.36), assim como Romanos 9.17 e Gálatas 3.8 podem usar "Escritura" como o sujeito onde Deus é o discursador do Antigo Testamento. Espírito Santo, Deus, Escritura – eles não são três oradores diferentes em três categorias diferentes. Eles se referem a um mesmo autor divino com a mesma autoridade divina. É por isso que Jesus pode silenciar o diabo dizendo: "está escrito", e por isso ele pode dizer, sem qualquer indício de controvérsia ou hipérbole que o Criador do universo escreveu Gênesis. Para Jesus, a Escritura é poderosa, decisiva e autoritativa porque não é nada menos do que a voz de Deus.

O Caminho do Mestre é o caminho da Palavra

Jesus manteve a Escritura na mais alta estima possível. Ele conhecia sua Bíblia intimamente e a amava profundamente. Ele falou muitas vezes com a linguagem da Escritura. Ele facilmente fazia alusão à Escritura. E em seus momentos de maior provação e fraqueza – como ser tentado pelo diabo ou ser morto numa cruz –, ele citou a Escritura.

Sua missão era cumprir a Escritura, e seu ensinamento sempre defendeu a Escritura. Ele nunca desrespeitou, nunca desconsiderou e nunca discordou de um único texto da Escritura. Ele afirmou cada pedacinho da lei, profecia, narrativa e poesia. Ele nunca por um momento aceitou a legitimidade de alguém em algum lugar violar, ignorar, corrigir ou rejeitar a Escritura.

Jesus cria na inspiração das Escrituras – toda ela. Ele aceitou a cronologia, os milagres e os relatos autorais como dando os fatos corretos da história. Ele cria em manter o espírito da lei, sem nunca minimizar a letra da lei. Ele confirmou a autoria humana da Escritura e, ao mesmo tempo, deu testemunho da autoria divina final das Escrituras. Ele tratou a Bíblia como uma palavra necessária, uma palavra suficiente, uma palavra clara, e a palavra final. Nunca foi aceitável em sua mente contradizer a Escritura ou se colocar acima dela.

Ele cria que a Bíblia era toda verdadeira, toda edificante, toda importante e toda sobre ele. Ele cria absolutamente que a Bíblia provinha de Deus e era absolutamente livre de erros. O que a Escritura diz, Deus diz, e o que Deus disse foi registrado de forma infalível na Escritura.

Esta, então, pode ser a única resposta aceitável para a questão colocada no início deste capítulo acerca da doutrina de Jesus da Escritura: é impossível reverenciar as Escrituras mais profundamente ou afirmá-las de forma mais completa do que como Jesus fez. Jesus submeteu a sua vontade às Escrituras, empenhou seu cérebro a estudar as Escrituras, e humilhou seu coração para obedecer às Escrituras. O Senhor Jesus, o Filho de Deus e nosso Salvador, creu que sua Bíblia era a palavra de Deus até às sentenças, frases, palavras, à menor letra, ao sinal gráfico mais minúsculo, e que nada em todos esses sinais e em todos esses livros em sua Bíblia Sagrada poderia falhar.

Capítulo Oito

ATENHA-SE ÀS ESCRITURAS

Tu, porém, permanece naquilo que aprendeste e de que foste inteirado, sabendo de quem o aprendeste e que, desde a infância, sabes as sagradas letras, que podem tornar-te sábio para a salvação pela fé em Cristo Jesus. Toda a Escritura é inspirada por Deus e útil para o ensino, para a repreensão, para a correção, para a educação na justiça, a fim de que o homem de Deus seja perfeito e perfeitamente habilitado para toda boa obra. (2 Timóteo 3.14-17)

Ao pegar um livro sobre a doutrina da Escritura, você pode ter imaginado que este seria o primeiro capítulo, não o último. Afinal de contas, 2 Timóteo 3.16 é o versículo mais famoso sobre a Bíblia em toda a Bíblia. Em certo sentido, nada mais precisa ser dito sobre a Escritura uma vez que sabemos que toda ela foi soprada por Deus. Esta é a própria definição de inspiração: tudo na Bíblia vem da boca de Deus. Suficiência, clareza, autoridade e necessidade – todas devem ser verdadeiras se 2 Timóteo 3.16 for verdade, e todas seriam falsas se 2 Timóteo 3.16 fosse uma mentira. Não há verso mais importante para o desenvolvimento de uma compreensão adequada da Escritura.

E, no entanto, eu termino aqui. Comecei com o Salmo 119 e termino com 2 Timóteo 3, exatamente o oposto do que você provavelmente esperava.

Faço assim por duas razões. Em primeiro lugar, para que você possa ver que, ainda que esta passagem seja tão significativa para a nossa doutrina da Escritura, ela não diz nada diferente do que dezenas de outros versos. Considerando tudo que já vimos sobre a Bíblia a partir da Bíblia, não deveria ser nenhuma surpresa ver (novamente) esta afirmação de que o que a Escritura diz, Deus diz. Toda expressão de prazer do salmista na palavra de Deus, anseio pela palavra de Deus e dependência da palavra de Deus pressupõe que cada palavra da palavra de Deus, seja falada ou escrita, é inspirada pelo próprio Deus. Se a visão de inspiração ensinada em 2 Timóteo 3.16 não fosse já assumida, o Salmo 119 equivaleria à idolatria.

Em segundo lugar, concluímos com esta passagem por causa de sua ênfase na permanência (v. 14). Eu ficaria entusiasmado se descobrisse que muitos interessados estivessem lendo este livro, contudo, acho que é seguro assumir que, se você chegou até aqui, provavelmente é um cristão. A maioria de vocês já leu a Bíblia antes. É por isso que você está interessado em saber no que crer a respeito da Bíblia. As Escrituras já foram ensinadas a você, pelo menos em parte. E o fato de que você está lendo este livro sugere que já tem uma devoção à Bíblia ou está aberto a crescer em sua devoção à Bíblia. Assim, a exortação mais apropriada ao fim deste livro talvez seja a única no versículo 14 acima: permaneça. Não esqueça o que você sabe e já aprendeu. Não perca de vista quem você é. Permaneça no caminho. Continue em frente.

No início do versículo 14, Paulo introduz um contraste. Ele está pensando, por um lado, naqueles que o perseguem (v. 11). Ele está pensando em pessoas más e impostores que vão de mal a pior (v. 13). Ele provavelmente está pensando em homens como Demas que o abandonaram, (4.10) e homens como Alexandre que lhe fizeram um grande mal (4.14). E então ele diz: "Tu, porém..." (3.14). Esse é o outro lado; esse é o contraste. Paulo está advertindo Timóteo a não ser como esses enganadores e desertores. Ele diz: "Olhe, você foi educado no evangelho – enraizado, firmado, estabelecido. O desafio para você, agora, é continuar a crescer, continuar se movendo na mesma direção, continuar firme na mesma fé".

E isso significa, mais do que qualquer outra coisa, que Timóteo deve manter proximidade da palavra de Deus. A ordem para continuar no evangelho é, para Timóteo assim como é para todos nós, uma exortação a permanecer e continuar a crescer nos escritos sagrados (v. 15). "Fique no alvo" – esse foi um bom conselho quando Luke Skywalker se aproximou da Estrela da Morte e é um bom conselho para todo cristão. Não caminhe vacilante. Não se desvie do caminho. Essa é a mensagem de 2 Timóteo 3.14-17. Seremos tentados e provados. Ficaremos cansados. Sofreremos muitas pressões. Seremos perseguidos se desejarmos viver piedosamente em Cristo Jesus (v. 12). Mas esta é a instrução imutável de Deus a nós: atenha-se às Escrituras e fique firme como ela.

Considere sua história

Felizmente, Paulo não para nessa ordem simples para permanecer, ele dá razões. Vemos em 2 Timóteo 3.14-17 quatro razões pelas quais devemos nos ater às Escrituras: nossa história, a capacidade da Escritura, a originalidade da Escritura e praticidade da Escritura. Começaremos com a urgência de Paulo para que consideremos nossa própria história.

Sei que este primeiro ponto não é igualmente aplicável a todos os cristãos. Muitos crentes só recentemente vieram a Cristo. Milhões não têm histórico cristão algum para considerar. Mas ainda é o caso – e, eu diria, por desígnio de Deus sempre será o caso – que a maneira mais natural que o compromisso cristão é propagado é por meio da família. E mesmo quando a nossa família natural não desempenhou nenhum papel em nossa vinda à fé, todos nós temos alguma pessoa na nossa história que foi o meio escolhido de Deus para a graça salvadora. Então, de uma forma ou de outra, a exortação de Paulo a Timóteo é a exortação de Deus a nós. Lembre-se de quem o levou à fé. Lembre-se de quem lhe contou sobre o evangelho. Lembre-se de quem primeiro lhe ensinou a Bíblia.

Para Timóteo, isso significava Paulo até certo ponto (2.2) e, mais significativamente, sua avó Lóide e sua mãe Eunice (1.5; 3.14-15). Paulo está pedindo a este jovem pastor para ater-se à Bíblia e ater-se ao único e verdadeiro evangelho porque ele aprendeu sobre ele a partir de sua vovó e sua mamãe. Nós muitas vezes não raciocinamos desta maneira, mas deveríamos. Antes de abandonar a fé que você foi ensinado quando criança, pense sobre aqueles de quem você a aprendeu. Eu fui para uma faculdade cristã meia-boca, onde os professores de religião eram muitas vezes liberais. Vi muitos dos meus colegas terem sua fé desconstruída e nunca construída novamente de uma maneira saudável. Quando as pessoas me perguntam por que eu não fui pelo mesmo caminho, a melhor resposta que tenho – além de ressaltar a graça de Deus – é que confiei nos meus pais e na minha educação mais do que nos meus professores. Eu tinha dúvidas como estudante universitário. Havia novas perguntas que não sabia como responder. Mas o que me manteve ancorado foi a confiança no que havia aprendido quando criança e naqueles de quem havia aprendido.

Obviamente, nem todo mundo é abençoado por crescer com bons pais e boas igrejas. Mas isso não torna a ordem de Paulo a Timóteo menos adequada para aqueles de nós que cresceram. Pense em seus professores da escola dominical. Pense em seus líderes de grupos de jovens. Pense em seus pastores. Pense no seu pai. Pense em seus avós. Pense na sua mãe. Eles não estavam preocupados com o seu bem-estar? Eles não o amavam? Eles eram impostores? Eles estavam errados em tudo o que criam? É razoável concluir que aqueles que vieram antes de você, que o ensinaram a confiar na Bíblia, aqueles que têm mais experiência e, provavelmente, mais sabedoria do que você – que de repente eles sejam idiotas ignorantes? Eles são merecedores do seu cinismo, rejeição ou desprezo?

Pais e pastores não são perfeitos, nem mesmo os realmente bons. Paulo não está dizendo que nossos mentores devem ser seguidos a todo custo. Mas aqui está o ponto, e é muito apropriado para adolescentes e jovens de vinte e poucos anos que gostam de questionar toda autoridade, exceto a sua própria: antes de deixar para trás o que você costumava crer a respeito da Bíblia, considere quem o ensinou a crer no que você costumava crer a respeito da Bíblia.

Lembro-me de em uma conferência alguém perguntar a John Piper, "Por que você concluiu que a inerrância é verdadeira?" A primeira coisa que saiu da sua boca surpreendeu a todos: "Porque minha mãe me disse que é verdade". No entanto, essa não era uma frase descartável ou uma observação superficial trabalhada para efeito. Piper estava capturando algo profundamente verdadeiro em muitas de nossas vidas e profundamente bíblico. Não é necessariamente um sinal de maturidade sair da fé de sua infância e, não necessariamente uma fraqueza, crer na mesma coisa ao longo de toda sua vida. Que privilégio inestimável estar familiarizado desde a infância com os escritos sagrados. A razão final para Timóteo ater-se à Escritura vai muito além de Lóide e Eunice. Mas a seus pés foi onde ele aprendeu a confiar na palavra de Deus. O que não é pouca coisa e não deve ser posto de lado por nada no mundo.

Considerar a capacidade da Escritura

A palavra de Deus é capaz de fazer muitas coisas – todas as coisas, na verdade. Deus criou pela palavra. Abraão foi chamado pela palavra. O povo foi reunido como uma nação no Sinai pela palavra. Sua libertação da Babilônia foi estabelecida pela palavra. Lázaro foi ressuscitado pela palavra. A igreja apostólica foi chamada à existência pela palavra. Ao longo da história da redenção, vemos Deus criando, amaldiçoando, chamando, convertendo, reunindo, abençoando, equipando, ameaçando e prometendo pela sua palavra. E na nossa história pessoal, vemos o poder da palavra de Deus mais claramente na sua capacidade de nos salvar (v. 15).

A Escritura não nos diz tudo o que queremos saber a respeito de tudo. Mas ela nos diz tudo o que precisamos saber sobre as coisas mais importantes. Ela nos dá algo que a internet com todos os seus terabytes de informação jamais poderia: sabedoria. O objetivo da Sagrada Escritura não é, em última análise, torná-lo inteligente, ou relevante, ou rico, ou arrumar um emprego para você, ou fazer você se casar, ou remover todos os seus problemas, ou dizer-lhe onde viver. O objetivo é que você possa ser sábio o suficiente para colocar a sua fé em Cristo e ser salvo.

Nada mais em todo o mundo tem essa capacidade. A palavra do presidente é importante. A palavra de seus pais deve ser honrada. A palavra do seu cônjuge deve ser estimada. Mas apenas a palavra de Deus pode salvar. Somente na Escritura nos deparamos com a plenitude da autorrevelação de Deus.

Somente na Escritura encontramos a boa-nova do perdão dos pecados. Somente na Escritura podemos ser levados a crer em Jesus Cristo e, ao crer, ter vida em seu nome. Não pense que você não tem nada de importante a dizer no mundo. Não se preocupe se você não tem alguma coisa útil para compartilhar com os feridos e pessoas carentes. Não se desespere que não haja nenhuma força transformadora em sua vida. Permaneça no evangelho e continue crescendo nas Escrituras. Elas são mais do que capazes.

Considere a originalidade da Escritura

Por "originalidade" não estou me referindo à criatividade ou à arte na Escritura. Estou usando a palavra mais literalmente para me referir à origem da Escritura. De onde veio e quem é responsável por ela. O versículo 16 dá a resposta famosa: toda a Escritura é *inspirada* por Deus. Ao longo do século passado, alguns estudiosos tentaram argumentar que a Escritura é "inspirada" no sentido de que é um livro inspirador e pode nos inspirar. Mas B. B. Warfield destruiu abrangentemente essa nova interpretação mais de cem anos atrás, concluindo após meticuloso estudo acadêmico que *theopneustos* (a palavra grega traduzida como "inspirada por Deus") está "essencialmente expressando a origem das Escrituras, não sua natureza e, muito menos, seus efeitos".[1] Como Warfield diz em outro lugar: "Os escritores bíblicos não concebem as Escrituras como um produto humano inspirado pelo Espírito Divino, e, assim,

---

1 Warfield, *Inspiration and Authority*, 296.

melhorado em suas qualidades ou dotado de novas qualidades; mas como um produto divino produzido por meio da instrumentalidade de homens".[2] A inspiração das Escrituras é um fato passado estabelecido, não uma ocorrência futura pela qual se espera. A Escritura não é apenas inspiradora, mas inspirada; não apenas inspirada, mas expirada. Como a expressão verbal do senhorio de Cristo, a Escritura carrega todo o peso da autoridade divina porque é inteiramente de origem divina.

E isso é verdadeiro para *toda* a Escritura. Cada livro, cada capítulo, cada linha, cada palavra – toda ela inspirada por Deus. Não apenas as partes obviamente teológicas. Não apenas o material memorável. Não apenas as partes com as quais nos identificamos. Toda ela – história, cronologia, filosofia – toda verdade que a Bíblia afirma deve ser tomada como verdade de Deus. Cada palavra na Bíblia está lá porque Deus queria que estivesse lá. E, portanto, devemos ouvir a Bíblia e nos ater à Bíblia e nos submeter ao ensino da Bíblia, porque é a Bíblia de Deus – tanto os escritos sagrados do Antigo Testamento, que Paulo tinha primeiramente em mente, quanto os escritos inspirados para a igreja da nova aliança, dos quais Paulo entendeu-se ser emissor (1 Tessalonicenses 2.13), e Pedro entendeu estar em processo de escrita (2 Pedro 3.16).

Igualmente crucial, se toda a Escritura é inspirada por Deus, então há uma unidade para ser encontrada nas páginas da Bíblia. Sem minimizar as diferenças de gênero e autoria humana, devemos, no entanto, nos aproximar da Bíblia es-

---
2 Ibid., 153.

perando que distinções teológicas e aparentes discrepâncias sejam totalmente conciliáveis. A unidade da Escritura também significa que devemos nos livrar de uma vez por todas deste absurdo que é a Bíblia com as frases de Jesus destacadas em cor diferente, como se as palavras de Jesus fossem os versos realmente importantes na Escritura e carregassem mais autoridade e fossem de alguma forma mais diretamente divinas do que outros versos. Uma compreensão evangélica da inspiração não nos permite apreciar instruções no evangelho mais do que as instruções de outros lugares nas Escrituras. Se lermos sobre a homossexualidade da pena de Paulo em Romanos, não terá menos peso ou relevância do que se lermos dos lábios de Jesus em Mateus. Toda a Escritura é inspirada por Deus, não apenas as partes ditas por Jesus.

A graciosa autorrevelação de Deus vem a nós por meio da Palavra que se fez carne e pela palavra escriturizada de Deus. Esses dois modos de revelação nos revelam um Deus, uma verdade, um caminho, e um conjunto coerente de promessas, ameaças e mandamentos pelos quais viver. Não devemos procurar conhecer a Palavra que é divina à parte das palavras divinas da Bíblia, e não devemos ler as palavras da Bíblia sem um olho na Palavra encarnada. Quando se trata de ver Deus e sua verdade em Cristo e na Sagrada Escritura, um não é mais consistente, mais confiável, ou mais relevante do que o outro. A Escritura, por ser a palavra inspirada de Deus, possui a mesma autoridade que o Deus-homem Jesus Cristo. Submissão às Escrituras é submissão a Deus. Rebelião contra as Escrituras é rebelião contra Deus. A Bíblia não pode falhar, vacilar ou errar mais do que o próprio Deus pode falhar, vacilar ou errar.

Esta visão elevada da Escritura como a palavra inerrante inspirada por Deus tem sido a posição dos cristãos desde o início. Clemente de Roma (30-100) descreveu "as Sagradas Escrituras", como "a verdadeira expressão do Espírito Santo" e que "nelas não foi escrito nada que seja injusto ou falseado". Irineu (120-202) afirmou que os escritores bíblicos "foram preenchidos com perfeito conhecimento sobre todos os assuntos", e "incapazes de uma afirmação falsa". De acordo com Orígenes (185-254), "os volumes sagrados são totalmente inspirados pelo Espírito Santo, e não há nenhuma passagem na Lei, ou no Evangelho, ou nos escritos de qualquer apóstolo que não proceda da fonte de inspiração da Verdade Divina". Agostinho (354-430), explicou em uma carta a Jerônimo, "eu aprendi a atribuir a esses Livros que são da ordem canônica, e somente a eles, tal reverência e honra, que creio firmemente que nenhum único erro imputado ao autor encontra-se em qualquer um deles". Jerônimo (393 - c.457) declarou que as Escrituras são "a fonte mais pura... escrita e editada pelo Espírito Santo".[3] Aquino (1225-1274) argumentou, "o autor da Sagrada Escritura é Deus".[4] Calvino (1509-1564) afirmou que, se seguirmos as Escrituras, estaremos "a salvo do perigo de errar. Devemos abraçar, "sem censura, tudo o que for ensinado nas Sagradas

---

3 Estas citações podem ser encontradas em Henry, *God, Revelation, and Authority*, 370-72.
4 *Summa Theologica* I.i.10, encontrada em *Introduction to St. Thomas Aquinas*, Ed. Anton C. Pegis (Nova York: Modern Library, 1965).

Escrituras. Devemos à Escritura a mesma reverência que devemos a Deus". Na Escritura, Deus "abre seus próprios lábios santos", e os apóstolos foram "escribas seguros e genuínos do Espírito Santo".[5] Não seria difícil continuar a multiplicar citações como esta de Calvino, e a sua visão da inspiração estava longe de ser fantasiosa.

Cristãos de todas as tradições, até muito recentemente, assumiam a confiabilidade completa e abrangente veracidade das Escrituras. Manter uma visão elevada da inspiração – como tendo sua origem no próprio Deus – não era uma invenção de qualquer tradição, teólogo ou escola. Era simplesmente uma parte do que significava ser cristão.

Considere a praticidade da Escritura

A última análise racional que Paulo dá para ater-se às Escrituras refere-se à sua praticidade. Essa pode parecer uma razão boba para permanecer com a palavra de Deus, especialmente depois de olharmos para todo esse negócio de *theopneustos*. Mas, para Paulo, a praticidade da Escritura é a conclusão de todo o seu argumento. É o resultado e o objetivo de toda essa grandiosa teologia.

A Escritura é útil para o ensino. Ela nos diz quem Deus é e o que ele exige. Ela nos diz quem somos, por que estamos aqui, onde estamos e para onde estamos indo. Ela nos fala sobre amor e casamento. Ela nos fala sobre vida antes de nossa

---

5 Estas cinco citações vem, respectivamente, de Comm. Matthew 22.29; *Inst.* 1.18.4; *Inst.* 1.6.1 (cf. 1.8.5); *Inst.* 2.12.1 (see also 1.8.5; 3.22.8; 3.23.5; Comm. 1 Peter 1.25); *Inst.* 4.8.9.

vida e sobre vida após a morte. Acima de tudo, ela nos fala sobre pecado e perdão. Cristo e a cruz, sobre como estamos perdidos e como somos encontrados. E porque a Escritura diz o que Deus diz, podemos confiar completamente em tudo que a Escritura diz sobre tudo isso.

A Escritura é útil para a repreensão e correção. Ela condena e consola. Corta e conforta. Ela nos para em nosso erro e nos coloca de volta no caminho certo. Deus nos deu a Bíblia porque ele nos ama o suficiente para nos dizer o que pensa e nos dizer como viver.

A Escritura é útil para a educação na justiça. Ninguém tem sucesso no nível mais alto de um esporte se não malhar. Ninguém arrebenta na música sem praticar bastante. Ninguém se supera na universidade sem anos de estudo. E ninguém chega longe na escola da santidade sem horas, dias e anos na palavra. Você e eu simplesmente não amadureceremos tão rapidamente, não ministraremos tão eficazmente, ou viveremos tão gloriosamente sem mergulharmos nas Escrituras.

Precisamos da Bíblia se quisermos ser cristãos competentes. A Bíblia nos edificará para que possamos suportar o sofrimento. Ela nos dará discernimento para as escolhas difíceis. Ela nos fará fortes o suficiente para sermos pacientes com os outros e pacientes o suficiente para responder com bondade quando os outros nos machucarem. A Bíblia nos fará levar refeições para novas mães e orar pelas pessoas em seus leitos hospitalares. A Bíblia nos capacita para sermos amantes da verdade e contadores da verdade. Ela nos envia para cuidar dos pobres e acolher o estrangeiro. Não há limite para o que a Bíblia pode fazer por nós, para nós e através de nós. Nunca podemos superar a Bíblia porque ela sempre nos faz crescer. A Bíblia é impraticável apenas para o imaturo e irrelevante apenas para os tolos que acreditam que quase tudo é novo debaixo do sol.

É coisa séria

Comecei este livro com um poema longo – um poema de amor sobre cantar, falar, estudar, guardar, obedecer, louvar e orar a palavra de Deus. Comecei com a aplicação, na esperança de que até o final, a alegria e confiança no coração do salmista estivessem explodindo também do nosso coração. Com tudo o que sabemos agora sobre a Bíblia a partir da Bíblia, deveríamos ter nossos corações sintonizados para o louvor e nossas mentes voltadas para a ação.

E devemos estar prontos para permanecer – permanecer na verdade da Palavra de Deus, permanecer lendo e ouvindo a palavra de Deus, e permanecer crendo em tudo que é afirmado na palavra de Deus. Em um mundo que valoriza o novo, o progressista e o evoluído, precisamos ser lembrados de que Jesus Cristo é o mesmo ontem, hoje e eternamente (Hebreus 13.8). E visto que ele continua o mesmo, assim também a sua verdade. O que significa que, por vezes, a consistência é o melhor negócio. Charles Hodge, o grande teólogo de Princeton do século XIX, foi ridicularizado por vangloriar-se de que uma nova ideia jamais teve origem no Seminário de Princeton. Mas pintar esta declaração com tonalidades mais escuras é, como um dos biógrafos recentes de Hodge aponta, desvalorizar o maior legado de Hodge: sua absoluta convicção da consistência. "Tomado em seu contexto original, o comentário de Hodge capta a verdadeira essência do homem. Ele não estava interessado em inovação teológica porque acreditava ser impossível melhorar a crença ortodoxa".[6] Hodge não estava à procura de novas ideias a respeito de Deus porque ele cria que a verdade já havia sido revelada, e, assim, entregou sua vida à explicação e defesa das Escrituras porque cria, como Jesus, que acima de tudo, a coisa mais fundamental que podemos dizer sobre a palavra de Deus – em meio a centenas de coisas que podemos e devemos dizer - é que a palavra de Deus é a verdade (João 17.17).

John Newton, o traficante de escravos que virou pastor e escritor de hinos, conta a história da visita a uma mulher simples, que morreu em tenra idade devido a "uma tuberculose prolongada". Ela era uma "pessoa prudente, sóbria, de senso claro, que podia ler a Bíblia, mas havia lido pouco além dela". Newton imaginou que ela nunca tivesse viajado mais de vinte quilômetros de sua casa. Poucos dias antes de sua morte, Newton orou com ela e "agradeceu a Deus que ele lhe fez ver agora que ela não havia seguido fábulas engenhosamente concebidas". Nesta última observação a mulher repetiu as palavras de Newton e disse: "Não, não fábulas engenhosamente concebidas; estas são realidades de fato". Então, ela fixou seus olhos em Newton, lembrando-o de sua pesada vocação e da seriedade da verdade.

---

[6] Paul C. Gutjahr, *Charles Hodge: The Guardian of American Orthodoxy* (Oxford: OUP, 2011), 363.

Meu senhor, você é altamente favorecido em ser chamado para pregar o evangelho. Muitas vezes o ouvi com prazer; mas deixe-me lhe dizer que agora vejo que tudo o que você disse, ou pode dizer, é relativamente pouco. Nem será possível a você, até chegar à minha situação, e ter a morte e a eternidade em plena vista, conceber o grande peso e importância das verdades que você declara.

Refletindo sobre os últimos dias da mulher, Newton lembrou que "em tudo o que ela falava havia uma dignidade, peso e evidência, que suponho que poucos professores de teologia, quando palestram de suas cadeiras, tenham em qualquer momento, igualado". Ele viu no testemunho dela – como muitas vezes fazia ao visitar os doentes e moribundos – "evidência que corrobora" as grandiosas verdades do evangelho falado por Deus em sua palavra. "Oh! Senhor", a jovem exclamou: "morrer é coisa séria; não há palavras que possam expressar o que é necessário para apoiar a alma na solene hora de nossa morte".[7]

Nenhuma palavra pode expressar o que é necessário na hora da nossa morte. Mas *há* palavras para nos sustentar nesse momento, e em cada momento desta hora até aquela. Elas são as palavras da verdade, as palavras de vida, as palavras infalíveis da Sagrada Escritura, que nunca acabam, que exaltam a Cristo, inspiradas pelo Espírito e sopradas por Deus. Ater-se às

---

7 Esta história, incluindo estas citações, pode ser encontrada em *Letters of John Newton* (Edimburgo: Banner of Truth Trust, 2007 [1869]), 100-101.

Escrituras pode parecer uma coisa leve agora, mas sentiremos o peso disso um dia. Chegará um dia em que será mostrado se nossas vidas foram fundamentadas sobre trivialidades ou realidades.Então, não deixemos enfraquecer o nosso compromisso com a nossa Bíblia que não falha. Não nos desviemos dessa verdade divinamente exalada. Não vacilemos em nosso prazer e desejo. Deus falou e, por meio dessa revelação, ainda fala. Em última análise, podemos crer na Bíblia porque cremos no poder, sabedoria, bondade e fidelidade de Deus, cuja autoridade e veracidade não podem ser separadas da Bíblia. Confiamos na Bíblia porque é a Bíblia de Deus. E por Deus ser Deus, temos todos os motivos para levar sua palavra a sério.

Apêndice
TRINTA DOS MELHORES LIVROS SOBRE O BOM LIVRO

Esta bibliografia não pretende ser exaustiva. É simplesmente uma lista dos trinta livros que considerei mais úteis no desenvolvimento e defesa de uma doutrina bíblica da Escritura. A fim de destacar os recursos mais acessíveis para o público geral, eu me restringi a livros (ou seja, não há artigos de jornal, nem nenhum verbete de enciclopédia) e tentei ficar com aqueles que são, de alguma forma, mais facilmente acessíveis[1]. Tal fato levou a lista a conter livros mais recentes. Cada volume está indicado com "iniciante", "intermediário" ou "avançado", de modo que você possa ter uma ideia de qual livro é o certo para você.

Questões apologéticas
Blomberg, Craig, *The Historical Reliability of the Gospels* (IVP Academic, 2007). Abrange milagres, aparentes contradições, o problema sinótico e outras áreas relacionadas com a confiabilidade dos quatro Evangelhos. (Intermediário)

---

[1] Nota do Editor: A maioria dos livros listados e recomendados pelo autor não foi ainda traduzida para o português. Todavia, mantivemos este apêndice porque reconhecemos a importância dos títulos recomendados e sua utilidade ao leitor. Além disso, alguns desses títulos já foram publicados em português e outros ainda poderão ser.

Bruce, F.F., *The New Testament Documents: Are They Reliable* (Eerdmans, 2003). [Edição brasileira: *Merece Confiança o Novo Testamento?* (São Paulo: Edições Vida Nova, 2010).] Semelhante ao volume de Blomberg, porém mais curto, mais simples e mais focado nos próprios documentos em si. (Iniciante)

Jones, Timothy Paul, *Misquoting Truth: A Guide to the Fallacies of Bart Ehrman's "Misquoting Jesus"* (IVP Books, 2007). Uma excelente resposta ao livro sobre crítica textual de Ehrman que faz "muito barulho por nada". (Iniciante)

Kaiser, Walter, *The Old Testament Documents: Are They Reliable and Relevant* (IVP Academic, 2001). [Edição brasileira: *Documentos do Antigo Testamento - Sua Relevância e Confiabilidade* (São Paulo: Editora Cultura Cristã, 2007).] Olha para os mesmos tipos de problemas em suas contrapartes do Novo Testamento: cânone, história, arqueologia, e transmissão textual. (Intermediário)

Kruger, Michael J., *Canon Revisited: Establishing the Origins and Authority of the New Testament Books* (Crossway, 2012). Uma mistura fantástica de história e teologia bem utilizada para explicar o desenvolvimento da nossa autoautenticação do cânon. (Avançado)

Clássicos

Bavinck, Herman, *Reformed Dogmatics, Volume One: Prolegomena*, (Baker Academic, 2003 [1906]), páginas 283-494. [Edição brasileira: *Dogmática Reformada, Volume Um: Prolegômena* (São Paulo: Editora Cultura Cristã, 2012).] Você não encontrará duzentas páginas melhores sobre a doutrina da Escritura a partir de uma perspectiva reformada – brilhante, amplo e bíblico. (Avançado)

Calvino, João, *Institutes of the Christian Religion* (Westminster John Knox Press, 1960 [1559]), Livro 1, Capítulos 1-10. [Edição brasileira: *As Institutas* (São Paulo: Editora Cultura Cristã, 1985).] Mais devocional e de fácil compreensão do que você talvez esteja imaginando. (Intermediário)

Machen, J. Gresham, *Christianity and Liberalism* (Eerdmans, 2009 [1923]). [Edição brasileira: *Cristianismo e Liberalismo* (São Paulo: Edições Vida Nova, 2012).] Ainda o melhor antídoto para o fascínio do modernismo teológico. (Iniciante)

Francis Turretin, *Institutes of Elenctic Theology*, Volume Um (P&R Publishing, 1997 [1679]), páginas 55-167. Metódico em sua apresentação e meticuloso na substância; um clássico negligenciado. (Avançado).

Benjamin B. Warfield, *The Inspiration and Authority of the Bible* (P&R Publishing, 1948) [Edição brasileira: *A Inspiração e Autoridade da Bíblia* (São Paulo: Editora Cultura Cristã, 2010).] Uma coleção dos artigos de Warfield a partir do final do século dezenove e início do século vinte; talvez o livro influente mais importante escrito sobre a doutrina da Escritura nos últimos 150 anos. (Avançado)

Obras gerais sobre a doutrina da escritura

Carson, D. A., *Collected Writings on Scripture* (Crossway, 2010). Ninguém que escreve sobre a doutrina da Escritura hoje escreve de forma mais incisiva e perspicaz do que Carson. (Intermediário)

Carson, D. A. e John D. Woodbridge, eds., *Hermeneutics, Authority, and Canon* (Baker Books, 1995). Uma coleção muito interessante de ensaios de nomes como Vanhoozer, Silva, Blomberg, e Moo. (Intermediário)

Carson, D. A. e John D. Woodbridge, eds., *Scripture and Truth* (Baker Books, 1992). O precursor do volume acima; inclui ótimos ensaios de Grudem, Godfrey, Nicole e Packer. (Intermediário)

Frame, John, *The Doctrine of the Word of God* (P&R Publishing, 2010). [Edição brasileira: *A Doutrina da Palavra de Deus* (São Paulo: Editora Cultura Cristã, 2013).] Apesar de uma visão surpreendentemente baixa da pregação e dezessete apêndices, este talvez seja o melhor trabalho contemporâneo em um único volume sobre o assunto. (Iniciante)

Grudem, Wayne A. "Part 1. The Doctrine of the Word of God." Páginas 45–138 em *Systematic Theology: An Introduction to Biblical Doctrine*. Grand Rapids: Zondervan, 1994. Excepcionalmente claro, bem organizado e fundamentado nas Escrituras. (Iniciante)

Helm, Paul e Carl Trueman, eds., *The Trustworthiness of God: Perspectives on the Nature of Scripture* (Eerdmans, 2002). Alguns capítulos são melhores que outros; os escritos por Macleod, Trueman, Ward e Helm são particularmente fortes. (Intermediário)

Henry, Carl F. H., *God, Revelation, and Authority, Six Volumes* (Crossway, 1999). A defesa mais abrangente de uma doutrina evangélica da Escritura; denso, exaustivo, e magisterial. (Avançado)

Nichols, Stephen J. e Eric T. Brandt, *Ancient Word, Changing Worlds: The Doctrine of Scripture in a Modern Age* (Crossway, 2009). Uma narrativa e documentário da batalha pela Bíblia nos últimos 100 anos. (Iniciante)

Packer, J. I., *"Fundamentalism" and the Word of God* (Eerdmans, 1958). Escrito para as controvérsias de outro tempo e lugar, mas ainda extremamente relevante; se você for ler apenas um livro sobre a doutrina da Escritura, leia este. (Intermediário)

Packer, J. I., *Truth and Power* (Harold Shaw, 1996). Excelentes partes sobre pregação e a importância do termo "inerrância". (Iniciante)

Thompson, Mark D., *A Clear and Present Word: The Clarity of Scripture* (InterVarsity Press, 2006). O melhor volume curto sobre perspicuidade; atenção particular é dada à teologia de Martinho Lutero. (Intermediário)

Timothy Ward, *Words of Life: Scripture as the Living and Active Word of God* (IVP Academic, 2009). Um excelente resumo da teologia clássica da Reforma, baseando-se em Calvino, Turretin, Bavinck, e Warfield; forte foco trinitariano; afirma a inerrância, mas minimiza a sua importância. (Intermediário)

John Wenham, *Christ and the Bible, 3rd Edition* (Wipf and Stock, 2009). Uma das melhores verificações em tamanho de livro de como Jesus vê as Escrituras. (Intermediário)

John D. Woodbridge, *Biblical Authority: A Critique of the Rogers/McKim Proposal* (Zondervan, 1982). Destruiu a proposta Rogers/McKim que argumentou que a inerrância é uma aberração na história da igreja e não era a doutrina dos reformadores. (Intermediário)

Como estudar e interpretar a Bíblia

Plummer, Robert, *40 Questions About Interpreting the Bible* (Kregel Academic, 2010). Uma ferramenta maravilhosa para qualquer classe de discipulado e para qualquer discípulo. (Iniciante)

Sproul, R.C., *Knowing Scripture* (IVP Books, 2009). [Edição brasileira: *O Conhecimento das Escrituras* (São Paulo: Editora Cultura Cristã, 2003).] Originalmente publicado em 1977, esta edição atualizada (como o volume de Plummer) foca em princípios para interpretação e dá muitas sugestões práticas para estudar a Bíblia. (Iniciante)

Inerrância

Beale, G.K., *The Erosion of Inerrancy in Evangelicalism: Responding to New Challenges to Biblical Authority* (Crossway, 2008). Uma defesa necessária e vigorosa da inerrância na sequência do livro de Peter Enns *Incarnation and Inspiration*. (Avançado)

Geisler, Norman L., ed., *Inerrancy* (Zondervan, 1980). [Edição brasileira: *A Inerrância da Bíblia* (São Paulo: Editora Vida, 2003).] Uma importante coleção de ensaios de épocas anteriores; o capítulo de Feinberg sobre o significado da inerrância é especialmente valioso. (Intermediário)

Poythress, Vern Sheridan, *Inerrancy and the Gospels* (Crossway, 2012). Nenhum livro recente fez um trabalho tão admirável desembalando os princípios e promessa de harmonização. (Intermediário)

Poythress, Vern Sheridan, *Inerrancy and Worldview* (Crossway, 2012). Demonstra, de forma convincente, que a inerrância é uma doutrina que importa para toda a vida. (Intermediário)

FIEL
Editora

A Editora Fiel tem como propósito servir a Deus através do serviço ao povo de Deus, a Igreja.

Em nosso site, na internet, disponibilizamos centenas de recursos gratuitos, como vídeos de pregações e conferências, artigos, e-books, livros em áudio, blog e muito mais.

Oferecemos ao nosso leitor materiais que, cremos, serão de grande proveito para sua edificação, instrução e crescimento espiritual.

Assine também nosso informativo e faça parte da comunidade Fiel. Através do informativo, você terá acesso a vários materiais gratuitos e promoções especiais exclusivos para quem faz parte de nossa comunidade.

Visite nosso website
www.ministeriofiel.com.br
e faça parte da comunidade Fiel

Esta obra foi composta em Chaparral Pro Regular 11,4, e impressa
na Promove Artes Gráficas sobre o papel Pólen 70g/m²,
para Editora Fiel, em Julho de 2023